供给侧改革

改什么、怎么改?

李佐军◎著

SUPPLY-SIDE REFORM

WHAT REFORM ? HOW TO REFORM ?

机械工业出版社
CHINA MACHINE PRESS

本书重点探讨供给侧改革改什么、怎么改的思路和对策。供给侧改革是从供给侧入手、针对经济结构性问题而推进的改革，并非单项改革，而是一个改革体系。供给侧改革改什么、怎么改，需要将理论、实践和政策相结合。本书针对当前中国经济现实问题，将供给侧改革与全面改革结合起来进行分析，明确供给侧改革是全面改革的题中之义，是全面改革中的“精准改革”。供给侧改革涉及供给主体、生产要素、全要素生产率提升及其影响因素、存量调整和培育增量等，明确供给侧改革的本质是发挥企业的作用、发挥市场的作用、提高全要素生产率、追求长期可持续发展。

图书在版编目（CIP）数据

供给侧改革：改什么、怎么改？/李佐军著. —北京：机械工业出版社，2016.4（2016.5 重印）

ISBN 978-7-111-53453-2

Ⅰ. ①供… Ⅱ. ①李… Ⅲ. ①中国经济—经济改革—研究 Ⅳ. ①F12

中国版本图书馆 CIP 数据核字（2016）第 063245 号

机械工业出版社（北京市百万庄大街 22 号 邮政编码 100037）
策划编辑：坚喜斌 杨 冰 责任编辑：杨 冰
责任校对：赵 蕊 版式设计：张文贵
北京圣夫亚美印刷有限公司印刷
2016 年 5 月第 1 版 · 第 2 次印刷
169mm×239mm · 16.25 印张 · 3 插页 · 213 千字
标准书号：ISBN 978-7-111-53453-2
定价：49.00 元

凡购本书，如有缺页、倒页、脱页，由本社发行部调换

电话服务	网络服务
服务咨询热线：（010）88361066	机 工 官 网：www.cmpbook.com
读者购书热线：（010）68326294	机 工 官 博：weibo.com/cmp1952
（010）88379203	教育服务网：www.cmpedu.com
封面无防伪标均为盗版	金 书 网：www.golden-book.com

前言

FOREWORD

自 2015 年年底中央经济工作会议正式提出“供给侧改革”后，此词很快成为全社会关注和讨论的热词。这绝非偶然，因为它挠到了中国经济的“痒痒”，意味着宏观政策的重大调整，也反映了全社会对深化改革的热切期盼。

（一）

推进供给侧改革重大而深远的意义不可低估。

有人认为供给侧改革是故意造新词，没有多大意义，其实不然。确实，供给侧改革是一个新词，但供给、供给侧（Supply Side，供给边或供给端）问题、供给管理并非新词。需求是相对稳定的，供给是需要人为努力的，需求往往与政府政策相连，供给侧与制度关系密切。将供给侧与改革连接在一起就具有了新的独特意义：从供给侧推进改革，意味着政府与市场关系的变化，即从政府政策主导经济增长转为市场制度主导经济发展；意味着发展模式的调整，即从规模速度型增长转为质量效益型发展；意味着增长动力的转换，即从投资拉动转为创新驱动。这种体制、模式和动力的变化，其意义自不待言。

中国推进供给侧改革有可能探出一条新路。放眼全球，各国仍在迷恋需求管理政策。美国自2008年国际金融危机后一直在实行量化宽松的货币政策，全球经济深陷其中，以致近期退出障碍重重。日本的所谓“安倍经济学”其实就是印钞经济学，最近更是将利率降为负利率，现在看来不仅没有达到预期的效果，而且带来了新的麻烦。欧盟主要国家也是频繁运用发债、低利率、放宽信贷等需求管理政策，近期的欧洲资本市场也做出了无力的回答。许多新兴经济体大多还没有摆脱“吃资源”的老套路，以致大宗商品价格一下跌就陷入困境。当然，美国、德国和韩国等近年来在放松管制、反对垄断、减轻企业负担、发展信息技术、发展新能源技术和智能制造技术、推进再工业化和再制造业化、培育新兴产业等供给侧方面做了许多努力，形成了全球经济的新亮点。在此全球经济背景下，中国若能尽快摆脱对需求管理政策的依赖，在供给侧改革方面探出一条新路，则不仅会为中国经济走出低迷闯出新天地，而且会为全球经济复苏做出新贡献。

中国推进供给侧改革是自信面对和解决问题的表现。改革开放以来，每当遇到经济下滑，我们大都采取了需求管理政策。其中，自2008年国际经济危机爆发以来采取的需求管理政策尤为典型。客观来说，以4万亿为代表的需求管理政策达到了短期保增长或稳增长的效果，为全球经济的复苏做出了重大贡献。但不容忽视的是，也带来了实体经济产能过剩、以高房价为代表的资产价格泡沫、地方政府和企业高负债、影子银行过度发展、银行不良资产累积、资源环境压力加大以及贫富差距拉大等问题。目前，中国经济已经走到一个十字路口：是继续用需求管理政策维持高增长并掩盖、拖延和累积问题，还是通过供给侧改革来容忍暂时的经济增速下滑、面对并解决多年累积的存量问题、努力培育新的增长动力和增长点？显然，我们选择了后者。选择供给侧改革意味着我们准备承受阵痛、壮士断腕、除旧布新、凤凰涅槃、浴火重生，这是自信的表现，也是有长远眼光的表现。

中国推进供给侧改革是全面改革中的“精准改革”。十八届三中全会后中国进入全面改革的新时代，拟推进包括经济改革、政治改革、文化改革、社会改革、生态改革、党建改革、军队改革在内的全面改革。除了促改革外，我们还面临稳增长、调结构、控风险、保民生、建生态、反腐败等多重任务。在多重任务中，在各项改革中，针对当前面临的紧迫问题，有必要推进一些精准改革，即那些具有“牵一发而动全身”之效、能缓解当前紧迫问题和矛盾的改革。供给侧改革就是精准改革，因为当前面临的最紧迫问题是化解高产能、高库存、高杠杆、高成本等存量矛盾，同时培育能提高全要素生产率的可持续增长的新动力。只有通过供给侧精准改革，有针对性地解决这些问题，才能为未来的健康持续发展铺平道路。

（二）

我对供给侧问题的关注由来已久。

记得小时候就无意中关注过供给侧问题，知道每个人想要的东西（也就是需求）很多，需求好像无须人教，不成问题，但要得到想要的东西必须有钱，钱必须去赚，赚钱必须有本事，要有本事就必须去读书或学艺，而这正是现在我们所说的供给侧问题。

读大学后开始关注“三农”问题，最初研究农业问题，随后研究农村问题，后来聚焦农民问题。在思考农民问题时，一方面要考虑保障农民的各种权益（即需求侧问题），另一方面要考虑提高农民的素质和竞争力（即供给侧问题）。

2006 年我公开发表的《加大供给政策推进力度》一文实际上是在 2001 年写作完成的。当时中国经济开启了新一轮的快速增长，学界出现了经济是主要由内需拉动还是应更多地发挥企业作用的争论。受我的博士研究生导师吴敬琏老师一篇文章的启发，写作了《加大供给政策推进力度》一文。此文提出，“随着经济发展进入新的阶段，必须充分认识供给和供给政策对经济发展的作用，加强供给政策的推进力度”“供给是指所有能对经济发展和经济效率提高起作用的供给因素或供给力量（广义供给），包括经济活动主体（如企业和个人等）、生产要素（如资本、人力资本、技术和知识等）、结构变动（如工业化和城市化）和制度创新等”。

2009 年在需求管理政策大行其道之时，我发表了《保增长不能忽视多方面供给力量的作用》一文，文章提出：“当前，为了应对国际金融危机，国内各界正在为保增长而不懈努力。以往我们在分析经济增长时，三大需求是重要视角，供给侧因素则较少考虑。而供给是与需求相对应的概念，是指所有能对经济发展和经济效率提高起作用的供给力量，包括经济活动主体、生产要素、结构变动和制度创新等。目前阶段我国保增长不仅要重视需求侧力量对经济的拉动作用，更要重视供给侧力量对经济的推动作用”。

2012 年在政府再次强调用需求管理政策实现稳增长时，我发表了《供给是决定经济发展的主导力量》一文。文章提出：“需求拉动受收入增长和购买力限制，是一种较为被动的力量，因此，稳增长应逐步摆脱对需求政策的依赖，更多地发挥供给政策的作用”“长期以来，由于人们深受凯恩斯主义的影响，主要强调需求管理和需求政策的作用，特别是近年来许多人分析宏观形势和提出宏观政策建议，言必称凯恩斯‘三驾马车’（出口、投资和消费），外需不行了就扩大内需，消费拉不动就使劲地拉动投资。其实，供给才是决定经济发展的主导力量”“供给政策更符合市场经济的要求，在历史上占据主导地位，供给与需求相互依存，但国内有效需求最终取决于各主体的供给能力，在开放经济条件下供给能力决定一国的竞争力，不要低估供给政策对我国经济发展的作用。”

2012 年以来，我在上百篇文章和采访中反复论证和强调：出口、投资和消费“三驾马车”只是 GDP 支出法核算的三大组成部分，只是经济增长的结果而非原因，只是需求侧的短期动力，只是多种动力中的一种，只是经济下行或经济危机时期用以抚平经济波动的非常举措，不能作为常规性政策使用。若非要当常规性政策使用，必将带来产能过剩、通货膨胀、资产价格泡沫、债务负担增加、金融风险加剧、贫富差距拉大以及资源环境压力加大等副作用和后遗症。寻找经济发展的动力必须从需求侧转向供给侧，与需求侧“三驾马车”相对应，我提出了供给侧“三大发动机”的新概念。“三大发动机”包括制度变革、结构优化和要素升级，正好对应着新一届中央领导反复强调的改革、转型和创新三个方面。其中，制度变革是指改革，结构优化包括工业化、城镇化、区域经济一体化和国际化等，要素升级包括技术进步、人力资本提升、知识增长和信息化等。“三大发动机”是通过效率提高来实现经济增长，因而是健康、可持续发展的动力。

（三）

之所以长期以来反复论证和强调供给侧动力，与我对经济学的学习和理解有关。

由于供给侧即生产侧，劳动、资本、土地、资源、技术、知识和信息等生产要素是生产侧的重要内容，下面仅从生产要素这一个角度（供给侧还有生产主体、制度变革、结构优化、要素升级、存量调整和增量培育等角度）来看看其丰富的经济学理论支撑。

从经济学说史和经济史来看，供给理论绝非始自“萨伊定律”和供给学派，而是与整个经济学的成长相伴随，供给管理政策而非需求管理政策在历史上居于主导地位。例如，重农学派（Physiocrates，18 世纪后半叶）就反对重商主义的需求管理政策，强调恢复“自然秩序”，强调土地要素供给和农产品供给的重要性；亚当·斯密（A · Smith，1776）全面系统地抨击了重商主义的需求管理政策，强调劳动和资本等“供给侧”因素在经济发展中的作用，强调了分工提高劳动生产率的作用，强调市场这只“看不见的手”的关键作用；萨伊（J. B. Say，1803）论证了供给对经济发展的作用，认为供给会创造它自己的需求，而供给因素主要是劳动、资本和自然力；李嘉图（D. Ricardo，1817）强调了有限土地及其所导致的报酬递减对经济发展的约束作用；李斯特（F. List，1841）强调了技术进步对经济发展的作用；罗雪尔（W. Roscher，1843、1854）将劳动分为“生产性劳动”和“非生产性劳动”，并强调了“生产性劳动”对经济发展的作用；马克思（1883）论证了劳动对创造价值的核心作用等；马歇尔（A. Marshall，1890）在《经济学原理》中强调了人力资本对经济发展的作用。

我在硕士研究生期间师从发展经济学奠基人张培刚教授学了多年的发展经济学，发现发展经济学家基本是从供给侧分析经济发展的。例如，柯林·克拉克（C. Clark，1940）将技术知识的增进和规模报酬递增看成是决定经济进步（经济发展）的主要源泉；哈罗德—多马（Harrod & Domar）模型（1946、1948）论证了资本积累对经济发展的决定性作用；张培刚（1949）将经济发展视为工业化过程，而工业化的发动因素为企业家的创新管理才能、生产技术、（有利的）社会制度，限制因素为资源或物力、人口、（不利的）社会制度；索洛（Solow，1956）、斯旺（Swan，1956）、米德（Meade，1960）等论证了技术进步对经济发展的决定性作用；舒尔茨（T. W. Schultz，1961、1981）等强调了人力资本对经济发展的关键性意义；丹尼森（E. Denison，1962、1967）、肯德里克

(J. W. Kendrick, 1961)、乔根森（D. Jorgenson, 1967）等人循着索洛的思路，通过经验实证分析发现“余值增长”（the Residual Growth）是由要素生产率提高带来的；罗默（RomerP.，1986）论证了专业化知识（知识资本）是经济发展的决定因素；卢卡斯（LucasR.，1988）将人力资本作为内生变量，论证了人力资本是经济增长的发动机等。

我在博士研究生期间师从著名经济学家吴敬琏学了多年的制度经济学和改革经济学，发现制度经济学家和改革经济学家也多是从事供给侧研究制度问题的。其实原因很简单：需求侧主要强调发挥政府政策的调控作用，强调解决短期的宏观经济波动问题，而供给侧则强调发挥制度的作用，强调解决经济长期可持续发展问题，因而制度经济学家或改革经济学家总是考虑如何改革制度，来优化各主体的权利配置，调动各主体的积极性和创造性，优化资源配置，提高经济效率，实现经济健康可持续发展。

我在2008年出版了《人本发展理论——解释经济社会发展的新思路》一书，提出了人本发展理论分析框架。人本发展理论主要体现了供给侧改革思想。人本发展理论是由“满足人”、“依靠人”、制度“引导人”、资源“装备人”、分工“安置人”组成的理论分析框架。其中，满足人可以说是需求侧的，其余都是供给侧的。依靠人是指依靠人的行为来实现经济发展，属于供给侧；制度、资源或生产要素、分工（对应着我提出的供给侧“三大发动机”——制度变革、要素升级和结构优化）是影响人行为的三大因素，是提高全要素生产率的基本手段。

（四）

本书重点探讨供给侧改革改什么、怎么改的思路和对策。

供给侧改革是从供给侧入手、针对经济结构性问题而推进的改革，并非单项改革，而是一个改革体系。供给侧改革改什么、怎么改，需要将理论、实践和政策相结合。尽管有关供给理论、供给管理的研究已经汗牛充栋，但针对当前中国经济现实问题的供给侧改革才刚刚破题，改什么、怎么改是一个亟待研究的课题。本书拟在这方面做一个初步的尝试。

本书共分六章。

第一章“正确理解供给侧改革”，重点分析了供给侧改革的涵义、实质、特点、内容和着力点，提出了对供给侧改革可能形成的误解，探讨了供给侧改革与结构性改革、供给侧力量的关系，从经济学的顶层分析方法中找到供给侧改革的方法论基础，对供给侧分析框架与需求侧分析框架进行了对比分析。

第二章“供给侧改革势在必行”，从六个方面讨论了供给侧改革的背景和意义，得出：供给侧改革是解决现实问题的迫切需要，是推进结构调整的基本手段，是全面改革的题中之义，是实现可持续发展的需要，供给侧改革有坚实的理论基础，有丰富的国内外实践经验。

第三章“反思需求管理政策”，首先分析了“三驾马车”不是经济发展的根本动力，然后分析了“三驾马车”需求管理理论的五大缺陷，最后从四个方面得出供给管理政策带来的后果：带来了

“投资依赖症”，带来了“低效增长症”，加剧了资源环境压力，带来了经济泡沫。

第四章“从供给侧寻找新动力”，在分析经济发展动力是一个包含一般性动力和特殊性动力在内的动力体系基础上，分别从制度变革释放改革红利、结构优化可以释放出巨大的生产力、要素升级是经济发展重要动力三个方面，得出供给侧“三大发动机”才是促进经济发展的根本动力。同时，还从通过创新驱动寻找新动力、解放思想是经济发展的重要动力两个方面分析了供给侧的新动力。

第五章“推进供给侧改革”，主要阐述了供给侧改革的具体对策，包括供给侧改革三十六策、重点领域改革、推进改革本身的创新和推进全面创新等。

第六章“做好供给管理”，按照 2015 年年底中央经济工作会议要求，从“去产能、去库存、去杠杆、降成本、补短板”等方面做好供给管理。从调整存量来看，“去产能”是重中之重；从培育增量来看，重点是推进产业转型升级；补短板重点是补好生态和农村贫困短板。同时，还不能忽视“去超建”。

本书的创新点体现在：① 区分供给侧改革、结构性改革、供给侧结构性改革、供给管理、供给政策和供给侧力量等概念，提出供给侧改革涉及供给主体、生产要素、全要素生产率提升及其影响因素、存量调整和培育增量等，明确供给侧改革的本质是发挥企业的作用、发挥市场的作用、提高全要素生产率、追求长期可持续发展；② 摆脱“萨伊定律”和供给学派的束缚，从整个经济学说史和经济学基本原理厘清供给侧改革的理论依据，将西方供给学派的政策主张归纳为“四减四促”——减税、减管制、减垄断、减货币超发，促私有化、促公平竞争、促企业家精神、促技术创新；③ 将供给侧改革纳入经济学方法论体系之中，全面对比了供给侧分析框架和需求侧分析框架，提出了长期总需求理论分析框架，剖析了影响供给侧改革的所有因素，区分了要素投入和要素升级，将环境、企业家才能和政府管理也纳入生产要素之中；④ 将供给侧改革与全面改革结合起来进行分析，明确供给侧改革是全面改革的题中之义，是全面改革中的“精准改革”；⑤ 对“三驾马车”是什么、不是什么、副作用和后遗症进行了深入分析，提出了“投资依赖症”“增长低效症”等新概念；⑥ 与需求侧“三驾马车”相对应，提出了供给侧“三大发动机”理论，指出要从制度变革、结构优化和要素升级三个方面寻找经济发展的新动力；⑦ 根据前述理论框架和中国实际，提出了推进供给侧改革的36条对策，强调要对改革也进行创新——创新改革理念、创新改革理论、创新改革策略、创新改革突破口、创新改革招数；⑧ 指出供给管理除了“三去一降一补”之外，还要加上“去超建”（去基础设施领域的超前建设、超大建设、超量建设和超标建设）等。

本书思想得以形成并得以及时出版，必须感谢张培刚、吴敬琏两位导师的培养和指导，必须感谢高世楫研究员的帮助和支持，必须感谢我的妻子林雨和女儿李欣霖的理解和支持，必须感谢机械工业出版社编辑的高效和负责，必须感谢《人民日报》《光明日报》《经济日报》《中国经济时报》《经济参考报》《环球时报》《上海证券报》和《北京日报》等报纸，以及《半月谈》《时事报告》《紫光阁》《改革》《财经国家周刊》《中国发展观察》和《中国经济报告》等杂志记者和编辑的辛勤劳动。但文责则由我全部负责。

由于本书涉及的是一个宏大且较新的领域，现有研究无疑还存在很多欠缺和问题，如理论分析比较粗糙、有些地方逻辑不够严密、对现实存在的矛盾和问题分析不够、对策研究比较薄弱、数据没有及时更新、文字不够精准等。这些欠缺和问题有待今后进一步努力予以弥补和解决，也有待各位读者不吝指正。

李佐军

目录
CONTENTS

第一章

正确理解供给侧改革

供给侧改革是一个新词，不太容易为普通读者所理解，因此有必要先对供给侧改革及其相关概念进行界定，同时将其纳入现有经济学理论体系中予以分析。

一、理解供给侧改革的几个要点

（一）供给侧改革的含义

要正确理解供给侧改革，首先，要分清五个相关概念，即供给侧改革、结构性改革、供给侧结构性改革、供给管理和供给政策。所谓供给侧改革，是指从供给侧入手的改革。所谓结构性改革，是指针对结构性问题的制度性矛盾而推进的改革。所谓供给侧结构性改革，是指从供给侧入手，针对经济结构性问题的制度性矛盾而推进的改革。所谓供给管理，是指针对供给侧问题而开展的管理。所谓供给政策，是指为供给侧改革和供给管理提供支撑的宏观政策。

本书所讨论的供给侧改革是指供给侧结构性改革，有时并不严格区分供给侧改革、结构性改革和供给侧结构性改革。但供给侧改革与供给管理和供给政策是不同的：改革一定是改制度；“去产能、去库存、去杠杆、降成本、补短板”属于供给管理的范畴，“宏观政策要稳、微观政策要活、产业政策要准、改革政策要实、社会政策要托底”属于供给政策的范畴。

供给是与需求相对应的。供给、需求是经济学最基础的概念，现代经济学的理论大厦就建立在这些概念的基础上。需求是指有支付能力的有效需求，总需求由消费、投资和净出口“三驾马车”组成。狭义的供给是指生产者在某一时期某价格水平上愿意并且能够提供的商品或劳务，广义的供给是指所有影响生产供给的供给侧因素或供给侧力量，总供给可近似用总量生产函数来表示，由要素投入和全要素生产率共同决定。

（二）供给侧改革的实质

供给侧改革的实质是正确处理好政府与市场的关系，即发挥好市场在资源配置中的决定性作用，同时更好地发挥政府的作用。过去，我们过多地通过政府的需求管理政策，特别是政府投资政策和货币金融政策，从需求侧“三驾马车”来拉动经济增长，“有形之手”伸得过长。今后，我们要更加强调供求平衡，在适度扩大总需求的同时强化供给侧改革，特别是要更多地发挥好企业和个人的作用，充分调动其积极性和创造性，提高全要素生产率，将政府的主要职责定位于制定好法律、法规、标准和政策，为企业和社会提供良好的制度和政策环境上。

还有一个层面的理解，供给侧改革的实质是着眼长远、从深层次解决造成经济结构性问题的制度性矛盾。过去多年来，每当遇到经济下行压力，很多人自觉不自觉地想起了凯恩斯主义的需求管理政策，用“面多了加水、水多了加面”的办法来稳定经济增长，同时暂时掩盖深层次的矛盾和问题，结果是耽误了解决问题的最佳时机。而供给侧改革则是不回避矛盾，面对问题，并通过“真改革”来解决深层次的结构性问题。

（三）供给侧改革的特点

与凯恩斯需求管理政策相比，供给侧改革具有以下四个鲜明特点。

一是强调市场。需求管理政策主要强调发挥政府的宏观调控作用，而供给侧改革强调充分发挥企业和市场在资源配置中的决定性作用，强调激发企业和民众的积极性和创造性，激发市场的活力。

二是重视效率。需求管理政策强调通过投资拉动经济增长，而供给侧改革强调通过提高全要素生产率来实现经济增长，即由“投资驱动”变为“效率驱动”。

三是着眼长远。需求管理政策强调解决短期的宏观经济波动问题，所以凯恩斯指出“长期，我们都死了”，而供给侧改革强调促进经济的长期可持续发展。

四是侧重制度。需求管理政策强调发挥政府政策的作用，所以常常运用财税政策、货币金融政策来管理经济，而供给侧改革强调制度的作用，强调优化各个主体之间的责权利关系，以化解深层次的矛盾和问题。

（四）供给侧改革的内容

供给侧改革并不像有些人理解的仅仅是淘汰落后产能、淘汰僵尸企业、使供给结构与需求结构对称那样简单，而是针对经济结构性问题的深层次制度矛盾而推进全方位的改革，也就是按照十八届三中全会的要求推进全面改革。可以说，从“需求侧”转向“供给侧”相当于从“政府调控侧”转向“全面改革侧”。如果只是针对产业结构的表层问题而进行一些不痛不痒的调整，那必将耽误真改革的时机，并带来新的问题。

具体来说，供给侧改革的内容可分为针对主体的改革、针对要素的改革和针对结构的改革三类。

首先是针对主体的改革，就是针对民众、企业和政府等各种主体的权利进行优化配置，以调动各方面的积极性和创造性。为此要重点推进创业就业制度改革、国有企业改革、垄断行业改革、政府机构改革、行政审批制度改革和司法制度改革等。

其次是针对要素的改革，包括针对要素投入的改革和针对要素升级的改革。针对要素投入的改革包括土地制度改革、资源产权制度改革、金融制度改革和环境制度改革等；针对要素升级的改革包括科技制度改革、教育人才制度改革和信息管理制度改革等。

再次是针对结构的改革，就是针对解决产业结构、区域结构和收入结构不合理问题而推进的改革，包括价格制度改革、投资制度改革、户籍制度改革、城乡差别福利制度改革和干部考核制度改革等。

如果按西方供给学派的思路，供给侧改革或供给管理的重点是“四减”，即减管制、减垄断、减税收和减货币超发。其中，减管制涉及行政管理制度改革、审批制度改革、商事制度改革和价格制度改革等；减垄断涉及垄断行业改革、国有企业改革、土地制度改革、产权制度改革和金融制度改革等；减税收涉及行政机构改革和财政制度改革等；减货币超发涉及货币制度改革和金融体制改革等。

（五）供给侧改革的着力点

推进供给侧改革，有以下七大着力点。

一是培育新主体，即形成和培育新主体、提高主体的素质和能力、激发主体的积极性和创造性等。具体措施包括建立创新型企业，提高企业的竞争力，增强企业的活力；培育创客和专业人才，提高其专业素质；培育创新型区域，提高区域竞争力；提高科研院所、高等院校和各种社会中介组织的综合能力，激发其活力；建立一些国家创新平台或组织，提高其运行效率；建立服务型、创新型政府，提高政府管理和服务效率。同时，还要通过改革（如保障产权、减税、简政放权和放开价格等）激发各主体的积极性和创造性。

二是增加要素的有效供给。供给侧的要素投入不能只强调要素投入量的增加，还要强调要素的有效投入（指有需求、有回报的投入），否则会造成要素过度投入，引发资源浪费和产能过剩等。增加要素的有效供给包括增加劳动的有效供给、资本的有效供给、资源的有效供给、好环境的有效供给、企业家管理的有效供给和政府管理的有效供给等，分别对应着收入法计算的 GDP 中的工资、利息、地租、利润和税收等。比如，要解决人口和劳动力的问题，特别是解决在人口红利消失的情况下优化人口结构、提高人口素质的问题，以及提高劳动力就业率、提高劳动力素质的问题；要提高资金投入效率，优化投资结构，避免资金错误配置；要对土地和资源进行优化配置，提高土地等资源的利用效率；要激发企业家的精神，充分发挥企业家的才能，调动企业家的积极性；要优化政府管理，提高政府管理的效率，促进政府公共服务职能的转变。

三是推进制度变革，提高全要素生产率。制度变革是经济发展“三大发动机”（制度变革、结构优化和要素升级）中的根源性发动机，是提高全要素生产率的最重要途径。推进制度变革包括十八届三中全会提到的各项改革，从供给侧来说，关键是要采取减管制、减垄断、减税收和减货币超发等行动。

四是推进结构优化，提高全要素生产率。结构优化可以促进资源的优化配置，提高资源配置效率，提高全要素生产率。推进结构优化包括推进新型工业化、推进新型城镇化、促进区域经济一体化和促进国际化等。

五是推进要素升级，提高全要素生产率。要素升级不同于要素投入，要素升级代表了生产要素“质的提高”，可以直接促进全要素生产率的提高。推进要素升级包括促进技术进步、提升人力资本、促进知识增长和推进信息化等。

六是调整存量。在当前形势下，如果不能将存量问题解决，则增量也难以培育起来，所以要加快推进存量调整。调整存量包括“六去”，即“去产能”、“去库存”、“去超建”（指基础设施超前、超大、超量建设）、“去僵尸”、“去成本”（或降成本）和“去风险”（或控风险）等。要通过改革痛下决心以可控方式和节奏主动释放风险，打破刚性兑付，退出僵尸企业，淘汰落后产业。对那些没有发展前景、缺乏市场竞争力的僵尸企业要坚决淘汰，对那些附加值低、高消耗、高污染、高排放、产能严重过剩的产业要加快调整，对那些环境恶化的区域不能再硬着头皮搞发展，而要对其功能进行调整，把人从这些区域中迁移出来。

七是培育增量。培育增量主要是寻找新的动力，发展新的产业，开拓新的空间，形成新的模式。具体包括开发新技术、发展新产业、培育新业态、开发新区域、塑造新品牌和形成新模式等。要加速培育有国际竞争力的市场主体，加快发展附加值高、符合消费结构升级方向、具有国际竞争力的新兴产业，积极打造有发展活力、绿色低碳的区域。

二、避免对供给侧改革的误解

供给侧改革本是非常好的改革思路，但由于概念相对晦涩，各种脱离其本意的解读较多，所以要谨防出现如下误解。

第一，将供给侧改革理解为从未有过的新生事物。供给侧改革或供给侧结构性改革确实是一个新词，但与此相关的供给政策或供给管理、相关理论和实践则早已有之。应该说，支持供给侧改革的理论可以追溯到经济学的源头。改革开放以来几乎所有的改革理论都是从供给侧考虑的，而不是从需求侧考虑的。推进供给侧改革的实践也并非始自今日，事实上20世纪80年代的家庭联产承包责任制改革、发展乡镇企业，90年代中期的经济体制总体改革，90年代后期的国有经济战略性改组，十八届三中全会的全面改革等，都是供给侧改革。只要稍微梳理一下历史就不难发现，推进供给侧改革并非标新立异，而是回归常识。

第二，简单用西方供给学派的观点来理解中国的供给侧改革。西方供给学派的政策主张——“四减四促”（减税、减管制、减垄断、减货币发行，促私有化、促市场竞争、促企业家精神发挥、促进技术创新），虽然其中多数也是中国供给侧改革要考虑的重要内容，但由于中国体制具有特殊性，我们一定要认识到两点。一方面，其中有些政策主张在中国是不适用的；另一方面，中国的供给侧改革需要考虑和解决的问题比它要丰富得多。

第三，以政府计划思维推进供给侧改革。供给侧改革本是为解决政府过度干预或过度宏观调控问题而提出的改革思路，但现实中很容易被人误解为通过政府计划或政府主导来确定供给结构，提供供给要素，增加产品供给，提高供给速度。这就有可能走到供给侧改革的反面，不仅达不到提高全要素生产率的效果，反而带来了与过度需求管理政策同样甚至更严重的问题。比如，政府主导选择产业、产品、项目和技术路线，就会带来适得其反的结果。

第四，将供给侧与需求侧对立起来。供给侧与需求侧可以说是一个硬币的两面，或者一只手的手心和手背，缺一不可，而且二者要尽可能对称和平衡，经济才能健康可持续发展。过去多年来，我们过于强调从需求侧进行政府宏观调控以实现经济高速增长，现在强调供给侧改革只是对其进行“纠偏”，而不是过于偏向供给侧而忽视了需求侧，更不是从一个极端走向另一个极端。

第五，将供给侧改革简单理解为增加商品或劳务供给。前已述及，广义的供给侧力量不仅包括商品或劳务供给，而且包括供给主体培育、要素投入、全要素生产率提升、存量调整和增量形成等。如果单纯强调增加商品或劳务供给，在产能过剩的形势下，只会带来进一步的产能过剩。如果能广义地理解供给侧力量，则会考虑通过改革等，主要依靠企业和市场的作用，有针对性地解决结构性问题。一方面淘汰落后产能，让市场出清；另一方面推进产业转型升级，培育新兴产业和新的经济增长点。

第六，将供给侧的生产要素与效率提高决定因素平行地放在一起。比如，有学者将供给侧因素理解为人口或劳动力、资本、土地、创新和制度等。其实，这五种因素并非同一层面因素，劳动力、资本和土地是生产要素，创新和制度是影响全要素生产率的因素。而且，生产要素投入量的增加与生产要素质的提升是不同的，劳动力、资本和土地等要素不是通过提高生产率来实现经济增长，而是通过投入量的增加来实现经济增长，而技术进步、人力资本提升、知识增长等要素升级属于要素质的提升，是通过提高生产率来实现经济增长的。除了要素升级外，制度变革、结构优化也是通过提高生产率来实现经济增长。区分不同性质的供给侧因素很重要，因为制度变革、结构优化和要素升级这“三大发动机”是更为重要的供给侧因素。其中，制度变革尤为重要，推进供给侧改革就是要抓住制度改革这个“牛鼻子”，同时通过结构优化和要素升级来提高全要素生产率，促进经济健康可持续发展。

第七，将供给侧改革与稳增长完全对立起来。供给侧改革与稳增长之间既有统一的一面，也有矛盾的一面。供给侧改革的最终目的是培育经济发展新动力，实现经济健康可持续发展。从中长期来看，供给侧改革与稳增长是一致的。但如果只考虑短期增长，供给侧改革与稳增长之间也有不协调的一面。GDP 的短期增长不可能依靠供给侧改革来实现。供给侧改革效果的释放需要一个过程，有些改革还会对短期增长造成冲击。相比之下，短期的需求管理政策可以直接通过政府投资、增加流动性等调控手段，使稳增长立竿见影。在经济下行压力比较大的情况下，需求管理政策可以抚平经济周期波动，防止经济过快下滑，防范系统性风险。当然，如果过于强调需求管理，为了稳增长而稳增长，可能要付出较大的代价，会有副作用和后遗症。这就需要权衡到底是要短期“看起来很美”的增长，还是要忍受阵痛追求长期的健康可持续发展。

三、供给侧改革包含结构性改革

本书的供给侧改革是供给侧结构性改革的简称，包含着结构性改革。

结构性改革有两层含义。一方面，深化改革本身涉及很多领域，需要明确改革思路，对“先改什么、后改什么”做出结构性安排，确保改革平稳有序推进。另一方面，当前我国经济社会发展中面临很多问题，这些问题并不是单一的问题，而是多个矛盾交织叠加形成的结构性问题。要解决这些问题，需要有针对性地进行结构性改革。目前，多数人理解的结构性改革是指后者。简而言之，结构性改革是针对经济结构性问题的制度性矛盾而推进的改革。

众所周知，经济发展常常有周期性波动。过去多年来，我国主要依靠财税和货币政策来拉动“三驾马车”，实现经济的稳定增长。但是，中国经济发展中存在的问题，更多的是多年累积下来的结构性问题。要解决这类结构性问题，不能只按凯恩斯式的需求管理政策来应对，而要对症下药，采取结构性改革对策。

目前，我国的经济结构性问题主要包括产业结构、区域结构、要素投入结构、排放结构、经济增长动力结构和收入分配结构六个方面的问题。这六个方面的结构性问题既相对独立又相互叠加，需要通过结构性改革去有针对性地解决。

一是产业结构问题。产业结构问题突出表现在低附加值产业、高消耗、高污染、高排放产业的比重偏高，而高附加值产业、绿色低碳产业、具有国际竞争力产业的比重偏低。为此，需要加快推进科技体制改革，促进高技术含量、高附加值产业的发展；需要加快生态文明体制改革，为绿色低碳产业发展提供动力；需要通过金融体制改革、社会保障体制改革等去淘汰落后产能和“三高”行业等。

二是区域结构问题。区域结构问题突出表现在人口的区域分布不合理。目前，我国城镇化率尤其是户籍人口城镇化率偏低，而且户籍人口城镇化率大大低于常住人口城镇化率。为此，需要加快户籍制度改革、福利保障制度改革和土地制度改革等，推进农民的市民化进程，提高户籍人口城镇化率。

区域结构的另一个问题是区域发展不平衡、不协调、不公平。例如，有些地方享有很多“特权”政策，有些地方发展严重滞后。

为此，需要推进行政管理体制改革、财税制度改革和区划体制改革等，加快建设全国统一市场，解决不同区域发展不平衡问题，使人口和各种生产要素在不同地区自由流动、优化配置。

三是要素投入结构问题。长期以来，我国经济发展过度依赖劳动力、土地和资源等一般性生产要素投入，人才、技术、知识和信息等高级要素投入比重偏低，导致中低端产业偏多、资源能源消耗过多等问题。为此，必须加快科技体制、教育人才体制等改革，优化要素投入结构，以实现创新驱动。

四是排放结构问题。目前，我国排放结构中废水、废气、废渣和二氧化碳等排放比重偏高，这种不合理的排放结构导致了资源环境的压力比较大。为此，必须加快推进生态文明制度改革，特别是推进自然资源资产产权制度、自然资源用途管制制度、资源有偿使用制度、生态补偿制度，以及用能权、用水权、排污权、碳排放权初始分配制度等方面的改革。

五是经济增长动力结构问题。长期以来，我国经济增长过多依赖“三驾马车”来拉动，特别是过度依赖投资来拉动。其实，“三驾马车”只是 GDP 的三大组成部分，是应对宏观经济波动的需求侧短期动力，只是经济增长的结果而非原因，制度变革、结构优化和要素升级（对应着改革、转型和创新）“三大发动机”才是经济发展的根本动力。我们要更多地依靠改革、转型和创新来提升全要素生产率，培育新的增长点，形成新的增长动力。

六是收入分配结构问题。当前，我国城乡收入差距、行业收入差距、居民贫富差距都比较大，财富过多地集中在少数地区、少数行业和少数人中。因此，有必要加快推进收入分配制度改革、社会福利制度改革、产权制度改革和财税制度改革等，促进收入分配的相对公平，缩小贫富差距。需要指出的是，收入分配结构问题也是需求侧的问题。

四、供给侧改革要利用供给侧力量

供给侧改革也是主要依靠供给侧力量而推进的改革，所以需要对供给侧力量有所分析。

狭义的供给是经济学教科书上所指的仅限于厂商（或生产者）的商品供给，而广义的供给是指所有能对经济发展和经济效率提高起作用的供给侧力量或供给边因素，包括经济活动主体（如企业和个人等）、生产要素（如劳动、资本、土地、环境、企业家管理和政府管理等）、要素升级（如技术进步、人力资本提升、知识增长和信息化等）、结构变动（如工业化、城市化、区域经济一体化和国际化等）、制度变革（如减管制、减垄断、减税收和减货币超发）等。

具体来说，供给侧力量或供给边因素主要包括如下几个方面。

（一）企业的数量和质量、企业的活力

企业是主要的经济活动组织，是促进经济发展的基本力量。企业数量越多，则促进经济发展的供给力量越大。在同样企业数量下，规模较大的企业越多，则促进经济发展的供给力量越大。

企业质量包括企业产权的清晰程度、产权结构的合理程度、法人治理结构的合理程度、组织结构的合理程度、技术创新能力、市场开拓能力等方面。某个企业的质量越高，则其生产经营效率越高，竞争力越强。质量高的企业越多，则促进经济发展的供给力量越大。在我国这样的转型国家，许多国有企业虽然规模较大，但质量较低，非国有企业（大多为中小企业）虽然规模较小，但质量较高。因此，对国有经济进行战略性改组，大力发展中小企业，提高非国有企业的比重，也能达到增强促进经济发展供给力量的目的。

企业质量与企业活力密切相关，但企业质量不等于企业活力。企业活力主要决定于经济体制。在不好的经济体制下，质量高的企业也不会有活力。企业活力越大，则促进经济发展的供给力量也越大。

（二）劳动力的数量和质量（人力资本）、劳动力的积极性和创造性

企业和其他经济组织都是由劳动力个体组成的，劳动力是基本的微观经济单元。一般来说，劳动力数量越多，促进经济发展的供给力量越大。

劳动力的质量即人力资本。人力资本通常被理解为劳动力所拥有的知识和有效运用这些知识的能力（如生产经营能力和技能等），以及由健康状态决定的寿命、力量强度、耐久力和精力等。舒尔茨认为，人力资本由健康设施和服务、正规教育、在职教育和培训、个人和家庭移民等途径形成。劳动力质量越高或人力资本越多，促

进经济发展的供给力量越大。

劳动力有时被看成是生产要素，但它与资本、技术和土地等其他生产要素存在明显不同之处：劳动力是行为主体，受思想意识和精神的支配和影响，而资本等要素是被人（行为主体）支配的物或工具，没有思想意识和精神。从促进经济发展角度来看，劳动力的思想意识和精神主要表现为劳动力的积极性和创造性，其中积极性包括劳动力的敬业精神。在劳动力数量和质量（人力资本）一定的情况下，劳动力的积极性和创造性越高，则促进经济发展的供给力量越大。如果劳动力没有积极性和创造性，即使劳动力数量再多、质量再好，促进经济发展的供给力量也不是很大。

（三）资本积累和资本运用效率

资本是促进经济发展的重要供给力量。在早期的发展经济学中，资本曾被看成是最重要的生产要素。一般情况下，资本包括资金、厂房、设备和土地等。资本越多，则促进经济发展的供给力量越大。在国民收入总量一定的情况下，资本积累率越高，则促进经济发展的供给力量越大。

资本积累只代表了资本数量，比资本数量更重要的是资本运用效率。资本运用效率高，则同样资本可产生更多的 GDP 或国民收入，即促进经济发展的供给力量越大。以积极财政政策为代表的需求政策通过发行国债等措施来促进增长，它虽然增加了政府的资本积累，但一方面相应降低了企业和个人的资本积累，即产生“挤出效应”，另一方面降低了资本运用效率，因为政府投资与私人投资相比常常效率较低。因此，从资本运用效率角度来看，积极财政政策不是最优选择。

另外，吸引外资或国际投资（产业）向我国转移，也是增加资本积累和扩大经济发展供给力量的重要方面。另外，增加基础设施建设也是扩大经济发展供给力量的重要方面。

（四）技术进步和知识积累

随着社会的进步和知识经济时代的到来，技术和知识（或信息）成为越来越重要的生产要素，对经济发展的贡献比率越来越高。技术进步越快，技术水平越高，知识（或信息）越丰富，则促进经济发展的供给力量越大。

技术进步和知识积累也有一个运用效率问题。比如在计划经济体制下，由于缺乏专利保护制度和技术创新激励机制，很多技术并没有发挥应有的作用和产生应有的效益。而在市场经济体制下，同样的技术和知识存量，可以产生更高的经济效益。因此，技术和知识的运用效率越高，则促进经济发展的供给力量越大。

（五）工业化、城市化、区域经济一体化

工业化和城市化是人口、劳动力和其他生产要素不断从传统农业向现代产业（包括现代非农产业和产业化农业）转移和从传统农村向城市转移的过程，即经济行为主体和生产要素这两类供给因素寻求更高效率产业和区域的过程，可以说是一种表现为结构变化的促进经济发展的供给力量。工业化和城市化速度越快，工业化和城

市化水平越高，则促进经济发展的供给力量越大。其原因是现代产业和城市的生产率水平较传统农业和农村高，人口、劳动力和其他生产要素从传统农业和农村向现代产业和城市转移，意味着同样数量的人口、劳动力和其他生产要素，可以获得比原来更多的GDP和国民收入等。区域经济一体化意味着区域内不同城市或地区分工协作的加深，而据经济学基本原理，分工协作加深可以极大地提高效率，所以区域经济一体化也是促进经济发展的供给力量。一体化程度越高，则供给力量越大。

（六）制度变革和制度创新

上述五个方面的力量，尤其是其中的企业活力的发挥、劳动力积极性和创造性的发挥、资本效率的提高、技术和知识运用效率的提高，都是由制度决定的。而且，各种生产要素之间的配置效率也是由制度决定的。因此，制度变革和制度创新是促进经济发展的根源性供给力量。制度变革的方向和路径越对，制度创新的效率越高，则促进经济发展的供给力量越大。

五、供给侧改革有经济学方法论基础

供给侧改革是从供给侧入手而推进的改革，供给侧改革有经济学方法论支撑，因为供求分析是经济学的顶层分析方法之一。

经济学的分析方法可分为具体分析方法和顶层分析方法，具体分析方法很多（如局部均衡分析、统计分析等），顶层分析方法可概括为“供求、长短、宏微、左右、内外、理实、因果”七个方面，即供给—需求分析方法、长期—短期分析方法、宏观—微观分析方法、国内—国际分析方法、经济—非经济分析方法、理论—实证分析方法和原因—结果分析方法。供求分析方法是顶层经济分析方法之一。

第一，供给—需求分析方法。供求在经济学中的重要性犹如阴阳在中国古代哲学中的重要性一样，是各种经济分析的基本方法。投入与产出、成本与效益、生产与消费、生产者与消费者等概念的背后都对应着供求。市场是由供求组成的，价格是由供求决定的，GDP 既可由收入法算出也可由支出法算出。同样，经济发展也是由供给侧因素（如劳动、资本、资源和全要素生产率等）和需求侧因素（如投资、消费和出口）共同决定。因此，在分析经济发展时必须运用供给—需求分析方法，同时分析供给侧因素和需求侧因素对经济发展的影响，不能顾此失彼或畸轻畸重。

第二，长期—短期分析方法。经济发展是一个动态的、持续的过程。从时间维度来看，分析经济发展既要考虑短期也要考虑长期，因而要综合运用长期—短期分析方法。短期分析的好处是现实感觉比较真切、影响因素比较集中、数据比较易于获取，缺陷是各种情况未能充分展示、规律难以把握。长期分析的好处是能充分运用各种数据、揭示出经济运行的规律，缺陷是影响因素太多难以把握、数据获取难度较大等。所以，需要将二者很好地结合起来进行分析。从理论分析角度来看，静态分析、比较静态分析、动态分析中的后两者大致对应着短期分析和长期分析，由于静态和动态是从假设前提不变和变化角度来区分研究方法的，所以这种对应不是很严格。短期、长期的时间长短可根据研究对象和研究需要来确定，通常将1～2年设为短期、3～5年或3～10年设为中期、5年或10年以上设为长期。

第三，宏观—微观分析方法。经济学通常将个体（如消费者、生产者等）行为、影响因素及其相关关系的分析等称为微观分析，将经济体（如国家、地区等）的总量变化、影响因素和总供求均衡分析等称为宏观分析。所以，有时还将经济学划分为微观经济学和宏观经济学。微观分析与宏观分析的区别在于：一是分析对象不同，微观分析对应个体或微观组织，宏观分析对应国家或经济体；二是分析指标不同，微观分析对应个体收入、效用、商品价格、企业成本和产量等，宏观分析对应国家的国内生产总值、就业率、利率、汇率和货币发行量等。必须注意的是，现实中，宏观、微观有时是难以区分的，宏观必须建立在微观的基础之上，像产业、区域等中观现象是横跨宏微观的。在经济发展分析中，既要考虑宏观总量指标的变化趋势，也要关注微观个体指标的演变趋势，这样才能更准确地把握经济发展趋势。

第四，国内—国际分析方法。虽然我们主要研究中国经济发展，但在当今经济全球化时代，在中国经济总量已成为世界第二、对外贸易世界第一、数百工农业产品产量世界第一、二氧化碳排放世界第一、对外投资高速增长的新形势下，如果不能放在国际大背景下谈中国经济发展，则是断难得出科学结论的。所以，要将国内经济分析与国际经济分析很好地结合起来。从理论逻辑来看，也是不能局限于封闭经济的分析，而要扩展为开放经济的分析。在具体进行中国经济发展分析时，就离不开对进出口、外商直接投资、对外投资、汇率、国际大宗商品价格、美国利率变化和国际政治格局等的分析。

第五，经济—非经济分析方法。现实中，经济与非经济是相互影响、相互依存、交融发展的，单纯进行经济分析往往不能得出准确或正确的结论。所以，要将经济分析方法与非经济分析方法很好地结合起来。一般来说，非经济包括政治、文化、社会和生态等。运用经济—非经济分析方法，一方面，要求我们将经济研究对象放在整体社会的大系统中综合考虑，而不是就经济谈经济；另一方面，要求我们放低经济学是社会科学皇冠的姿态，谦虚地吸纳政治学、社会学、管理学、心理学和生态学等其他社会科学的科学方法。在具体进行经济发展分析时，一定要考虑到各种非经济因素对经济发展的影响，比如政治周期对经济周期变化就有重大影响。

第六，理论—实证分析方法。经济发展分析需要有理论支撑和分析框架，这就离不开理论分析方法。理论分析方法即逻辑分析方法或演绎分析方法，其特点是将纷繁复杂的经济现实用简洁通用的概念进行高度的抽象，用清晰的图式对复杂的关系进行揭示，并进行逻辑推演。同样，经济发展分析还需要有经验支撑和事实检验，这就离不开实证分析方法。实证分析方法即经验分析方法或归纳分析方法，其特点是用数据、事实和案例等对经济现象进行描述，对理论模型进行检验。在具体进行中国经济发展分析时，一方面要先设定好简洁而科学的分析框架，另一方面要大量运用数据和实例得出规律性结论。

第七，原因—结果分析方法。经济发展总是会呈现出某种结果，或高或低，或上升或下降，或繁荣或萧条等一方面需要对这种结果做出描述，特别是对未来的趋势进行预判；另一方面更需要对造成这种结果的原因进行分析，因为只有知道了原因才能知道未来怎么应对，或怎么抓住机遇，或避免掉入同一个陷阱。因此，需要将结果分析方法与原因分析方法很好地结合起来。造成结果的原因往往很复杂，所以原因分析常常是一个挑战，要将前面提到的供给—需求分析方法、宏观—微观分析方法、经济—非经济分析方法以及理论—实证分析方法等综合予以考虑，才能揭示出原因。

六、供给侧分析框架与需求侧分析框架形成鲜明对比

供给侧改革一定要建立在理论基础上，而要建立在理论基础上就必须从逻辑上梳理清楚供给侧分析框架，并与需求侧分析框架进行对比分析。

（一）需求侧分析框架

需求是“拉动”经济的动力。需求与经济增长成正比关系：需求涨则经济涨，反之则跌。至于经济拐点则与现有技术和制度约束条件下需求的峰值或变动拐点有关。

根据经济发展的顶层分析方法，需求可分为宏观需求（总需求）和微观需求（消费者需求）、长期需求和短期需求、国内需求和国外需求、经济需求和非经济需求、理论需求和实际需求等。鉴于经济发展主要表现为一种宏观经济现象，所以可从总需求角度来考虑。总需求又可分为短期总需求和长期总需求。很多学者将需求界定为短期因素，虽然消费易受商品价格、投资易受利率以及出口易受汇率等短期因素的影响，但需求同时也是长期因素，因为消费也受收入水平、投资也受预期回报率、出口也受国际贸易关系等长期因素的影响。

1. 短期总需求

支出法算出的 GDP 三大组成部分消费、投资和出口即是短期总需求（GDP = 消费 + 投资 + 净出口）。其中，消费是指最终消费支出，包括居民消费支出和政府消费支出，一般可用社会消费品零售总额来表示。投资是指资本形成总额，包括固定资本形成总额和存货增加，一般可用固定资产投资来表示，投资主要包括制造业投资、基础设施投资、房地产投资和服务业投资等。出口是指货物和服务的净出口，一般用出口来表示。

2. 长期总需求

在宏观经济学总供求模型中，有短期总供给曲线、长期总供给曲线、短期总需求曲线，但没有长期总需求曲线。现实中，人们也通常只分析短期总需求的“三驾马车”，这是宏观经济分析的一种缺陷。为了更好地分析经济发展的原因，我在此尝试性地提出长期总需求的概念和分析框架。

长期总需求的基本内容也是消费、投资和出口，只不过将时间维度拉长而已，即长期总需求 = 长期总消费 + 长期总投资 + 长期总出口。影响长期总需求的因素可用以下公式表示：

长期总需求（GDP） = 长期总消费（影响因素有国民总收入及其增长率、消费率或消费占收入比重、消费增长率、通胀率等） + 长期总投资（影响因素有国民总收入及其增长率、投资率或投资占总收入比重、投资增长率、投资边际效率或投资回报率、利息率等） + 长期总出口（影响因素有外国总收入及其增长率、外国购买中国产品支出比重、出口增长率、出口产品竞争力、人民币汇率等）

其中，国民总收入 = 政府收入（间接税等） + 企业收入（利润、利息、租金等） + 个人收入（工资、利息、租金、利润或红利等）。个人收入中的工资 = 总人口 × 生产性人口占比 × 就业率 × 劳动时间 × 单位时间收入（工资率）。

可见，影响长期总需求的因素比影响短期总需求的因素要多而复杂。其中比较重要的正面影响因素有生产性人口占比（或“人口红利”）、就业率、工资率、投资回报率和出口竞争力，即这些因素与长期总消费、投资和出口需求成正比。比较重要的负面影响因素有通胀率、利息率和汇率，即这些因素与长期总消费、投资、出口需求成反比。

而决定工资率、投资回报率、出口竞争力的因素，与后面要讨论的决定长期总供给中的全要素生产率的因素是一样的，即我多年来反复论证和强调的“三大发动机”——制度变革、结构优化和要素升级。制度变革包括法律制度、文化制度、体制机制和政策等的改革，可用民企比重、市场价格比重等来衡量；结构优化包括工业化、城镇化、区域经济一体化和国际化等，可用工业化水平、城市化率、高新技术产业比重等来衡量；要素升级包括技术进步、人力资本提升、知识增长、信息化和基础设施改善等，可用拥有中高级职称、大中专以上学历劳动力比重等来衡量。

（二）供给侧分析框架

供给是“推动”经济发展的动力。供给与经济增长也成正比关系：供给增则经济涨，反之则跌。至于经济拐点，则与人口结构、劳动力供给、资源环境约束、基础设施饱和度、工业化城镇化阶段等供给侧因素的变化有关。

供给也可分为宏观供给（总供给）和微观供给（生产者供给）、长期供给和短期供给、国内供给和国外供给、经济供给和非经济供给、理论供给和实际供给等。分析经济发展这种宏观经济现象，也应从总供给角度进行。从时间维度来看，总供给可分为短期总供给和长期总供给。

1. 短期总供给

宏观经济学侧重分析短期总供给曲线，这里侧重分析影响经济发展的短期总供给的构成和影响因素。许多人用生产函数来分析总供给，其实生产函数主要适用于分析长期总供给。从国内生产总值核算“收入法 GDP = 支出法 GDP”中受到启发，可以得出：短期总供给（GDP）＝工资总额＋利息或资本利得总额＋地租或资源利得总额+环境租或环境税总额+利润总额+间接税总额。这才是与短期总需求（GDP）=消费+投资+净出口相对应的公式，因为短期总供给（GDP）=短期总需求（GDP），或工资总额+利息或资本利得总额+地租或资源利得总额+环境租或环境税总额+利润总额+间接税总额=消费+投资+出口。因此，分析影响短期总供给的因素应从影响工资、利息或资本利得、地租或资源利得、环境租或环境税、利润和间接税的因素中去寻找。严格来说，其中的工资是指税前工资，利息是指净利息（公债利息除外），地租包括土地和建筑物的租金，利润包括公司利润和自我雇佣收入，另外收入法核算的GDP还应包括折旧、企业转移支出和统计误差等。必须指出的是，环境也是不可或缺的投入要素，以前被经济学忽略了，所以我将其加了进去。

2. 长期总供给

生产函数理论、发展经济学或增长经济学等对长期总供给已有深入的研究。经典的公式如下：长期总供给（GDP）=全要素生产率×f（劳动，资本，资源）。其中，f是指函数关系符号；劳动、资本、资源（含土地等）是指生产要素；全要素生产率是指所有要素的投入产出效率。比较完整的长期总供给应将所有投入要素都考虑进来，应将影响供给的价格因素也考虑进来，于是我提出以下公式：

长期总供给（GDP）=全要素生产率（劳动生产率、资本回报率、土地生产率、环境效率或碳生产率、企业经营效率、政府管理效率）×f（劳动，资本，土地等资源，环境，企业家管理，政府管理）×商品价格指数其中，碳生产率 = GDP/二氧化碳排放量，环境效率 = GDP/污染排放量。商品价格指数可用 PPI、CPI 等来衡量，价格与总供给成正比关系，即价格涨，供给增加。

不难看出，影响长期总供给的因素有两大方面：一方面，要素投入。其中，劳动可用劳动力数量（受人口结构影响）、劳动时间、劳动强度等衡量；资本可用货币发行量、社会融资总额、新增贷款总额、发债规模等衡量；资源可用土地利用总量、资源开采和利用总量、发电量等衡量；环境可用二氧化碳排放量等衡量；企业家管理可用企业家和创业者人数等衡量。另一方面，全要素生产率。决定全要素生产率的因素就是“三大发动机”——制度变革、结构优化和要素升级。需要说明的是，这“三大发动机”可同时影响长期总供给和长期总需求；制度变革又分某种体制内部的制度变革和整个体制的根本变革；结构优化又分为结构升级和某种结构内的局部结构优化；要素升级不同于要素投入，后者是要素投入“量的增加”，前者是要素“质的提升”。

必须指出的是，需求与供给是相互影响、相互决定的。在古典经济学看来，供给创造需求，即消费和投资需求都是由供给侧的生产通过分配形成的，虽然外生冲击会造成短期波动，但市场的自稳定机制能最终实现供求平衡。凯恩斯则论证了在经济萧条时期情况有所不同，由于此时边际消费倾向递减规律、投资边际效率递减规律、流动性偏好“三大心理规律”发生作用，导致总需求不足、供求不平衡，所以需要政府干预。供给如何影响需求？因为消费需求取决于收入，收入取决于就业，就业取决于供给侧的生产及其一系列影响因素。需求如何影响供给？因为生产的产品必须卖出去才能形成价值和效用，产品卖出去则依赖于需求。

总之，经济发展是由上述各种需求侧因素和供给侧因素共同决定的。还要补充的是，上述分析侧重宏观长短期总供求分析，但这绝不意味着微观不重要，微观是宏观的基础。分析经济发展就首先要从微观主体（尤其是个体）的经济人特性乃至人性出发，因为人性在上升时易贪婪、在下降时易恐惧，所以在新一轮经济政治周期上升时期因“贪婪”往往出现过度消费和投资，导致通胀和资产泡沫，此时政策不得不紧缩，经济转而下行，这时又因“恐惧”导致消费和投资过度萎缩，引发经济调整或危机。

小结

【供给侧结构性改革是一个好词】有人认为供给侧结构性改革纯粹是造新名词，实则不然，此词将当前需解决的问题精准地概括出来，即重点要从供给侧而非需求侧使力，要重点解决结构性而非周期性问题，要通过根本性改革而非短期性政策解决问题，很难有其他词能将这么复杂的含义表述出来。2016 年抓住此牛鼻子没有错。

【区分供给管理、供给政策和供给侧改革】像去产能、去库存、去杠杆等属于供给管理；针对去产能等而制定的财税、金融支持政策等属于供给政策；针对去产能等而推进的行政管理制度改革、财税制度改革、国有企业改革等属于供给侧改革。若将供给管理和供给政策等同于供给侧改革，将耽误真正的供给侧改革。

【供给侧改革的真正意义是面对问题】产能过剩、房地产高库存、债务率高、企业成本高等并非新问题，但过去一直在用政府投资、释放流动性等需求管理政策来应对，期望在高速发展中解决问题。但现在看来，问题并未解决，甚至越来越严重。去产能等供给侧结构性改革则开始面对问题，只要面对问题就有了希望。

【经济发展的基本逻辑】健康的经济发展取决于生产率提高，生产率提高取决于人的积极性、创造性（含企业家精神）发挥和人的分工协作深化。“两性”发挥取决于产权保护、法治和思想市场，分工深化表现为工业化、城市化等，取决于要素升级（含技术进步）和市场制度。总之，所有这些都取决于保障产权、自由权、平等权的制度创新。

第二章

供给侧改革势在必行

推进供给侧改革并非心血来潮，而是形势所迫。自2008年以来反复运用的需求管理政策边际效益递减，“三驾马车”作用日渐式微，且副作用和后遗症越来越多，迫使我们从供给侧寻找新的出路。

一、供给侧改革是解决现实问题的迫切需要

（一）需求管理政策的边际效益递减

2008年国际经济危机爆发后，为了保增长或稳增长，我们采取了一系列需求管理政策，如积极的财政政策、稳健的货币政策和政府投资政策等。这些政策确实取得了一定的保增长效果，特别是在初期取得了明显的效果，如4万亿元投资推出后GDP增速自2009年一季度的6.5%快速上升到2010年一季度的12.1%。但此后需求管理政策的边际效应在递减，虽然连续多次采取了稳增长措施，但GDP增速自2010年一季度达到12.1%的高度之后，一直在震荡下行，直至2015年四季度的6.8%，而且尚未扭转下行趋势。

同时，“三驾马车”的作用日渐式微。从国际看，近年来国际金融危机带来国际市场需求萎缩，加之西方国家去杠杆，对我国产品出口带来了不利影响。2008年国际金融危机爆发以前，我国出口增速保持在20%以上，不少年份在30%以上。而2014年出口只增长了6.1%，到了2015年出口变成了-1.8%。出口形势的低迷，使我们

认识到出口已经越来越靠不住了，必须把目光更多地转向国内的供给侧改革。从国内看，长期以来依靠高投资拉动经济增长的发展模式也遇到了瓶颈，投资的边际效益在递减。同时，受到地方债务风险加大的约束，国内投资增长大不如从前，固定资产投资增速自2008年前的20%以上变成2014年的15.7%，再到2015年的10%。消费由于受部分行业企业经营比较困难、部分人群收入增长缓慢等因素影响，社会消费品零售总额增速放缓，从2008年的增长22.7%变成2014年的增长12%，再到2015年的只增长10.7%。

（二）需求管理政策的副作用和后遗症越来越大

由于需求管理政策主要是通过政府投资和释放流动性等手段拉动"三驾马车"来实现经济增长的，属于短期刺激政策，所以在带来经济增长的同时也造成了产能过剩、僵尸企业较多、高房价或资产价格泡沫、房地产库存过大、地方债务压力加大、企业效益下降、影子银行过多、银行不良资产率上升、金融风险累积、资源环境压力大等副作用和后遗症。钢铁、电解铝、水泥、建材、造船等行业的产能利用率已下降到70%左右，许多城市的房价已大大超过多数居民的承受力，2014年中国债务占GDP的比重达到了235.7%，个别银行的不良贷款率已超过2%的警戒线。

上述情况迫使我们重新思考：为什么需求管理政策达不到预期效果且副作用和后遗症越来越大？其核心原因恐怕是没有完全找对病根，没有对症下药。中国经济当前的主要问题是结构性问题，而非周期性问题。针对结构性问题，不能用解决周期性波动的需求管理政策去应对，而要通过供给侧结构性改革去化解。

二、供给侧改革是推进结构调整的基本手段

中国正处于经济增速换挡、结构调整阵痛、前期刺激政策消化“三期叠加”的特殊时期，目前以产能过剩为表现的结构调整阵痛尤其明显。如何度过结构调整阵痛期，有赖于推进供给侧改革。

（一）中国正处于结构调整阵痛期

2014 年的中国政府工作报告就指出，“我国支撑发展的要素条件也在发生深刻变化，处于结构调整阵痛期、增长速度换挡期，经济下行压力依旧较大”。

结构方面的问题往往表现为结构不合理或结构失衡等。结构调整是指对不合理的结构进行优化，包含很丰富的内容，如包括产业结构的调整、区域结构的调整、增长动力结构的调整、财富分配结构的调整、要素投入结构的调整和排放结构的调整等。在结构调整过程中往往要触动存量、扩大增量，触动存量就要动现有的“奶酪”，扩大增量面临选择的痛苦和风险的压力，因此结构调整会有阵痛。

30 多年来的改革发展一直伴随着结构调整，也一直伴随着不同程度的结构调整阵痛，但为何目前处于结构调整阵痛期？这主要是因为目前的结构调整阵痛尤为显著而有特色，表现在以下几个方面。

首先，多种结构调整阵痛相交织。与以前历次结构调整有所不同，本次结构调整表现为六个方面的结构调整交织进行。产业结构调整中产能过剩产业、低附加值产业等面临被压缩和淘汰的阵痛；区域结构调整中区位条件差、人口聚集能力低的地区面临“空心化”和“边缘化”阵痛；增长动力结构调整中出口和投资依赖部门面临地位下降阵痛；财富分配结构调整中层级较高政府、垄断特权行业、特权阶层面临财富或收入占比下降阵痛；要素投入结构调整中初级资源部门、无技能人员面临机会减少阵痛；排放结构调整中高消耗、高污染、高排放“三高”行业和企业面临严厉管制阵痛。

其次，与过剩经济相交织。20 世纪 80 年代初、80 年代后期和 1993 ~ 1999 年的几次经济结构调整都是在经济短缺条件下进行的，可以通过发展生产力等途径较好地解决，造成的经济震荡较小。但自 21 世纪以来，中国经济已由短缺经济变为过剩经济，特别是加入 WTO 以来变成了面向全球市场的过剩经济，产能过剩问题日益突出，2008 年以来的反危机措施又进一步加剧了产能过剩。在过剩经济条件下进行结构调整需要“伤筋动骨”，触动存量利益结构，带来经济较大的震荡。

再次，与增长速度换挡期相交织。过去几次结构调整都是在经济“周期性下降”（下降后还会反弹至原来的高度）的情况下进行的，随着经济周期性恢复，结构调整阵痛较快消失。但本次结构调整是在经济“趋势性下降”（下降后难以反弹到原来的高度）情况下进行的，即伴随着经济增长速度的换挡，由此导致结构调整阵痛程度较深、持续时间较长。

然后，与前期刺激政策消化期相交织。以前的结构调整没有伴随经济刺激政策后果的消化，因而结构调整的复杂程度较低。但本次结构调整需要消化2008年以来强刺激政策的后果，因此结构调整的复杂程度较高。复杂性主要体现在：需要在经济泡沫较多、财政金融风险较大，又要严守不发生区域性、系统性金融风险底线的条件下进行结构调整。

最后，与“中等收入陷阱”敏感期相交织。以前在进行结构调整时，中国尚未进入“中等收入陷阱”敏感期，因而社会对结构调整阵痛的敏感度较低。但本次结构调整是在中国已进入“中等收入陷阱”敏感期进行的，社会对结构调整阵痛的敏感度很高，稍有不慎就可能引发社会问题。

（二）结构调整不可避免的阵痛表现

第一，部分企业遭淘汰。在经济面临下行压力、“高成本时代”悄然到来、转型升级压力加大、国际环境发生变化、资源环境约束加大的新形势下，部分产能过剩行业企业、生产低附加值产品企业（包括低附加值出口导向型企业）以及“三高行业”企业等正在被淘汰。

第二，部分地区陷困境。比如，资源枯竭型城市随着资源的枯竭、资源（如煤炭、石油、天然气、铁矿石等）价格的下滑、人口和人才的流失而陷入困境。区位条件差、交通落后、产业基础差、没有特色资源的部分农村，随着农村人口的城镇化而陷入“空心化”“边缘化”境地。部分区位条件较差、产业不配套、人气不够、“三高产业”比重高的园区，随着土地财政的式微、房价的波动、融资成本的上升、节能减排力度的加大而陷入困境。

第三，部分低技能人员失业。随着工业化、经济服务化、产业高端化的推进，那些传统行业（如传统农业、城市的非正式行业等）的无技能、低技能人员，特别是不掌握基本信息技能、年龄偏大的人员，正在被新形势所淘汰，失去工作岗位。

第四，部分政府部门减权。随着经济增长主要由需求侧的出口、投资和消费“三驾马车”拉动更多向由供给侧的制度变革、结构优化和要素升级“三大发动机”拉动转变，随着十八届三中全会所制定改革任务的逐步落实，随着政府职能的转变、行政审批制度改革和干部考核导向的变化，原来部分比较“滋润”的经济管理部门面临或者减权或者裁撤或者转向的命运。

第五，财政金融风险凸显。在结构调整过程中，随着上述部分企业遭淘汰、部分行业调整、部分地方陷困境或“空心化”，必然会减少部分财政收入来源、增加财政支出负担、增加地方政府债务负担，即加大财政金融风险。如果经济同时面临下行压力，则风险更大。

（三）推进结构调整、应对结构调整阵痛要靠供给侧改革

供给侧改革本是从供给侧入手，针对经济结构性问题的制度性矛盾而推进的改革，它就是为解决经济结构问题而生的。

经济结构问题，一方面表现在存量要调整，另一方面表现在增量要优化。经济结构性问题产生的根源往往是制度，如长时间持续

的产能过剩在一定程度上是由政府管理体制、干部考核制度、垄断行业制度和扭曲的价格制度等造成的；房地产库存过高在一定程度上是由土地制度、土地财政制度和货币金融制度等造成的；实体经济企业成本高在一定程度上是由财税制度、金融制度、商事制度和产权制度等造成的。

因此，推进结构调整、应对结构调整阵痛就要靠制度改革，特别是针对性强的供给侧改革。

应对结构调整阵痛，各主体应采取不同的对策。在结构调整阵痛期，对政府来说，要加快转变政府职能，简政放权，推进政府管理体制、干部考核制度、垄断行业制度、价格制度、土地制度、货币金融制度和产权制度等改革。对企业来说，要加快推进企业改革、企业转型和企业重组。

三、供给侧改革是全面改革的题中之义

（一）推进供给侧改革与推进全面改革是吻合的

从供给侧入手、针对结构性问题而推进的改革几乎包括所有重要的改革，如行政管理制度改革、产权制度改革、土地制度改革、国有企业改革、财税制度改革、金融制度改革、价格制度改革、社会福利制度改革和生态制度改革等。可以说，从“需求侧”转向“供给侧”相当于从“政府调控侧”转向“全面改革侧”。而

十八届三中全会确定的全面改革也正是要推进这些改革，所以推进供给侧改革也就是落实十八届三中全会精神，推进各个领域的改革。

（二）解决各种问题的出路唯有改革

制定政策和推进改革是政府解决经济社会问题的两种基本手段。在短期，政府往往偏重于采取财政政策、货币政策、房地产政策、消费政策、投资政策和出口政策等。但从过去多年的经验来看，政策往往不能从根本上解决问题，有时反而会带来新的问题。比如，货币政策造成通胀、房地产政策加剧房价波动、消费政策导致寅吃卯粮、投资政策带来投资大跃进等。因此，我们应更多地从长远着想，主要依靠改革来解决一些深层次问题，让政策尽可能归于中性。

改革是解决问题、化解矛盾的基本出路，这是过去30多年实践反复印证的真理。我们之所以取得了较好的发展成就，其核心原因就是推进了改革；之所以能够成功应对亚洲金融危机，原因也在于我们适时推进了改革。当前我们面临诸多难题的挑战，出路也在改革。今后还会有更多难题等着我们，还是要依靠改革来化解，舍此别无他途。

“不改革则死路一条”，20多年前邓小平同志的南方谈话仍言犹在耳。不改革，中国特色的社会主义市场经济就不可能形成；不改革，依法治国就不可能实现；不改革，科学发展的体制机制就不可能形成；不改革，“五位一体”建设就不可能顺利推进；不改革，就不可能形成持续的新增长点；不改革，当前面临的一系列难题就不可能化解，社会稳定就难以保障。正如《旧制度与大革命》一书所说，改革也有风险，尤其是当改革进入深水区后，改革的难度加大，阻力增加，风险也随之增加。但不改革则风险更大，在改革与不改革之间，我们只能选择改革，毕竟改革能带来希望，改革能化解矛盾，并最终降低风险。

总之，面临新形势，我们只能痛下决心，加快推进包括供给侧改革在内的全面改革。

（三）正视推进全面改革的新挑战

必须指出的是，与以往主要推进经济体制改革有所不同，推进全面改革会面临很多新的问题和挑战。

首先，全面改革的内外环境更复杂了。从外部环境来看，在改革开放前期，中国的经济总量在国际上排名并不靠前，国家的综合实力较弱，国际社会敞开怀抱欢迎中国加入国际大家庭，其他国家对中国发展不太警惕。但当中国经济总量成为世界第二后，部分国家对中国的快速发展和改革开始警惕起来，于是针对中国的贸易保护主义、反倾销等越来越多，中国改革和发展的国际环境相对恶化。从国内经济环境来看，经过30多年的持续高速增长，经济发展的不协调、不平衡、不可持续的问题日益突出，经济增速下行，结构调整压力加大，经济金融风险增加，全面改革必须与稳增长、调结构、控风险等保持平衡。

其次，全面改革面临的阻力更多了。改革是“党在新的时代条件下带领全国各族人民进行的新的伟大革命”，30 多年来的改革一直在各种阻力中前行。尤其是目前推进的全面改革不仅面临原有的阻力，而且还有许多新的阻力，如改革开放以来新形成的既得利益集团带来的阻力，过渡型体制固化带来的阻力，反改革思潮带来的阻力等。

再次，全面改革的工作量大大增加了。过去我们主要推进经济体制改革就感觉工作量不小了，即便是推进了 30 多年的经济体制改革，到目前还有很多改革任务没有完成。现在我们要推进经济、政治、文化、社会、生态、党建、军队“七位一体”的全面改革，无疑改革的工作量大大增加了。而且全面改革还要在更复杂的国内外环境中推进，要在更多的阻力中前行，这就进一步增加了工作量。

最后，全面改革的协调难度提高了。即便是在经济体制改革中，也涉及企业改革、价格改革、宏观调控改革的协调，涉及农村改革和城市改革的协调，涉及经济改革与对外开放的协调，涉及经济改革、经济增长与社会稳定的协调。在全面改革的新时期，改革协调的对象更多了，面更宽了，复杂性更高了，难度更大了。如何协调经济改革与政治改革、经济增长与环境保护、全面改革与风险控制等的复杂关系，就是一个不小的挑战。

全面改革新时代的挑战是客观存在的，但既然全面改革是实现中国梦的必然选择，“开弓没有回头箭”，我们别无选择，只能下定决心，勇往直前，争取全面改革的决定性成功。

四、供给侧改革是实现可持续发展的需要

（一）推进供给侧改革是实现可持续发展的需要

我们要追求的发展是综合考虑资源和环境承载力、兼顾当代人和后代人权益的可持续发展。可持续发展要求尽可能少地消耗资源能源、保护环境，而在推进工业化城镇化过程中要做到少消耗资源能源、保护好环境，根本的出路是提高全要素生产率，即以较少的资源能源投入获得较高的产出。提高全要素生产率的基本途径是发动“三大发动机”，即推进制度变革、结构优化和要素升级。而推进供给侧改革正是要培育“三大发动机”，提高全要素生产率，实现经济的健康可持续发展。所以，推进供给侧改革可以达到实现可持续发展的目的。

（二）提高各主体的供给能力是扩大国内有效需求的前提

一国产品的需求包括国内需求（内需）和国外需求（外需）两个方面。内需又分为理论需求和有效需求两个层次，理论需求是不考虑有支付能力的需要，有效需求则是一种有支付能力的需求，显然有效需求更具有现实性。国内有效需求又可以根据不同的分类标准分为消费需求和投资需求、个体需求和团体需求（如企业需求和政府需求）、城市需求和农村需求等。

近年来，我们在扩大内需中，主要采取了通过积极的财政政策增加政府的投资需求、通过增加工资和收入提高个人的消费需求、通过消费信贷政策扩大企业和个人的消费需求、通过建立健全社会保障制度提高人们的消费预期等措施。所有这些措施确实是直接扩大国内有效需求的有效措施，但企业和个人有效需求的扩大最终是由其供给能力决定的。原因在于：虽然需求对供给有重大影响，但各种主体（个人、企业等）的各种有效需求都取决于其支付能力或购买能力，而支付能力或购买能力取决于其收入水平，而收入水平又取决于其生产率，而生产率又取决于其供给能力。

具体来说，企业只有通过制度创新、技术创新和管理创新等提高能满足市场需要的有效供给能力，即提高市场竞争力，提高生产经营效率，才能赢得客户和市场，才能提高效益和收入，才能增加投资和消费需求。个人也是如此，只有通过教育培训和实践，不断提高能满足社会和市场需求的有效供给能力，即提高自身的素质和技能，提高劳动生产率，才能获得好的工作，才能取得较高的收入或待遇，才能增加消费和投资需求。

因此，扩大内需的根本措施是通过减税而不是提高税率，不断提高企业和个人的有效供给能力或竞争力。

（三）在开放经济条件下供给能力决定一国的竞争力

在开放经济条件下，提高一国国内企业和个人的供给能力更为重要。原因在于：如果一国国内企业和个人的供给能力提高了，即使国内需求没有扩大，也会保持经济增长，因为供给能力提高的企业和个人会开拓外需市场，满足国外市场的需求，赚取外国人的钱。反之，如果一国国内企业和个人的供给能力没有提高，即使国内需求扩大了，也不一定带来经济增长，因为在国内企业和个人的供给能力没有提高的情况下，扩大了的内需市场很可能会被国外的企业所占领。

在经济全球化的新形势下，主要不是内需，而是面向全球市场的供给能力，才是决定一国竞争力的主要因素。内需不足可以开拓外需，外需总量一般不存在不足，只存在国内供给竞争力不够和供给适销不对路问题。如果某种产品出现外需不足，则证明这种产品必须尽快淘汰。生产能力过剩，不能主要归结于需求不足，而应主要归结于生产能力没有适应新的市场需要或对结构变化的不适应上。

因此，只有通过供给侧改革，提高我国产业和产品的供给质量和水平，才能在国内、国际市场上占有更大份额，也才能解决国内消费者到国外“扫货”的问题，才能进一步提高我国的国际竞争力。

五、供给侧改革有坚实的理论基础

（一）供给理论与经济学历史一样久远

供给侧改革的相关理论与经济学历史一样源远流长，绝非始于供给学派，只不过供给学派提出了较鲜明的供给管理政策而已。从经济思想史和经济史来看，供给管理政策而非需求管理政策在历史上居于主导地位。

重商主义鼓吹需求管理政策，强调发挥政府的作用，强调通过出口补贴和进口课税等方式调控进出口需求，实现贸易顺差。

重农学派反对重商主义的需求管理政策，强调恢复“自然秩序”，强调土地要素供给和农产品供给的重要性。

古典经济学大师亚当·斯密全面系统地抨击了重商主义的需求管理政策，强调劳动和资本等“供给侧”因素在经济发展中的作用，强调了提高劳动生产率的作用，强调市场这只“看不见的手”的关键作用，强调政府只能发挥“守夜人”的作用。

法国经济学家萨伊于18世纪初提出了最鲜明的供给管理思想——“萨伊定律”，认为供给会创造它自己的需求，或者说产品生产本身能创造自己的需求；由于市场的自我调节作用，不可能产生遍及国民经济所有部门的普遍性生产过剩和就业不足，而只能在国民经济的个别部门出现供求失衡的现象，而且即使这样也是暂时的；货币仅仅是流通的媒介，商品的买和卖不会脱节。

凯恩斯于20世纪30年代经济大危机后全面批判了萨伊定律，认为经济危机是由有效需求不足引起的，有效需求不足又是由“三大基本心理规律”决定的：边际消费倾向递减导致消费需求不足，资本边际效率递减和流动性偏好共同作用引起投资需求不足。由于经济中存在着工资刚性等制度约束、工会和其他垄断力量，古典和新古典经济学所强调的市场机制自发调整在短期甚至在长期都无法发挥作用，即经济无法自动恢复充分就业的均衡，因此政府就不能仅限于“守夜人”角色，而应采取相机处置的需求管理政策，尤其是财政政策，来促使经济恢复充分就业均衡，消除失业和经济危机。

在经济萧条时期，政府应实行预算赤字政策来减少总需求；在通货膨胀时期，政府应实行预算盈余政策来减少总需求。罗斯福治理经济大萧条的主要措施就是实行以需求管理为核心的“新政”：通过扩张性财政政策，举办公共工程，增加就业机会等。

20 世纪 70 年代初的“滞胀”宣告了凯恩斯需求管理政策的失灵。于是，反对政府干预、强调供给管理的理论，如以弗里德曼为代表的货币主义、以拉弗为代表的供给学派、以卢卡斯为代表的理性预期学派、以科斯为代表的产权学派、以布坎南为代表的公共选择学派等开始兴起。

迈克尔·波特提出的“国家竞争力理论”也是一种典型的供给管理理论。该理论认为，企业而非政府在经济发展中起着关键作用，一国财富主要取决于本国的生产率和所能利用的单位物质资源，取决于动态的竞争优势而非静态的比较优势。政府应放弃重点扶持某些产业的产业政策，而应尽力创造一个有利于生产率提高和产业集群的良好环境。

必须强调的是，发展经济学、新制度经济学以及我提出的人本发展理论等都是主要研究“供给侧”问题的理论，如发展经济学研究的人口变迁、资本累积、人力资本、技术进步、知识增长、工业化、城市化和劳动力转移等都是供给侧问题。

（二）供给学派因使用了供给这个词而成为最鲜明的供给侧经济学理论

供给学派在强调供给管理政策方面具有代表性，其代表人物有芒德尔、拉弗、万尼斯基、吉尔德、肯普、罗伯茨、费尔德斯坦和埃文斯等。

他们的主要观点有：提高税率虽然从短期看可以提高税收收入，但由于抑制了纳税者的生产经营积极性，从中长期看反而导致税收收入下降；在资源稀缺世界中，所谓商品过剩只是适销不对路的“劣等货”过剩，其根源并非需求不足，而是能引致新需求的创造性供给不足；企业并不只是被动适应市场需求而提供商品的生产单位，而是在创造需求方面发挥着能动性作用；经济增长源自供给者的创造能力和生产率的提高，战后美国等国经济的快速发展，与其说是由凯恩斯需求政策所带来的，不如说是由于凯恩斯政策“阴差阳错”带来的实际供给效应以及技术创新机制所带来的。

因此供给学派主张：减税特别是降低边际税率，调动企业积极性；削减政府开支，放松政府管制，减少政府干预，赋予企业经济自由；稳定货币增长。供给学派学者认为，经济主体是否扩大经济活动或增加储蓄和投资，要看边际税率的高低，即看增加活动所增加的净收益是否合算来决定。如果边际税率过高，一方面人们会以闲暇代替工作，从而劳动力供给减少；另一方面人们将收入更多地用于消费，而不用于储蓄和投资，同时经济活动将更多地由市场转入地下，从而损害经济效率。

我们可以将供给学派的政策主张归纳为“四减四促”：“四减”是指减税（含减支，特别是降低边际税率）、减管制、减垄断、减货币发行或控制通胀（甚至主张恢复金本位制），旨在调动积极性，促进生产供给；“四促”是指促进私有化、促进市场竞争、促进企业家精神的发挥、促进技术创新和智力资本投资。

供给学派关于减税不增加财政赤字、不必忧虑减税导致贫富差距拉大、恢复金本位制等也引起了广泛的争论和质疑。同时，缺乏严谨的理论逻辑框架也为一些学者所诟病。

六、供给侧改革有丰富的国内外实践经验

（一）美国、英国的供给侧改革和供给管理实践经验

在实践中，供给学派理论和政策主张因被美国总统里根、英国首相撒切尔夫人所运用并产生了较好的效果而声名远播。

里根上台后采纳了供给学派的政策建议，虽然在其任期内没有取得预期的成效，但为20世纪90年代克林顿时期美国经济的持续繁荣奠定了基础。“里根经济学”和里根于1981年2月向国会提出的经济复兴计划（经济政策）的主要内容是：大规模减少个人所得税和企业税，以刺激消费和投资；削减政府预算或财政开支特别是社会福利开支，减少财政赤字，实现预算收支平衡；放松政府对企业规章制度的限制，减少国家对企业的干预；严格控制货币供应量的增长，实行稳定的货币政策以抑制通货膨胀。其实质是促进市场自由竞争、调动企业和民众积极性、刺激供给、提高经济效率和实现经济复兴。

在实践中，里根并不为某种理论观点所束缚，而是博采众长、灵活运用，比如同时运用凯恩斯学派所主张的通过增减政府开支调节社会总

需求的政策、供给学派所主张的通过减税和放松对经济的干预来刺激供给增加的政策，以及货币学派所主张的控制货币供应量增长的政策，从而实现了摆脱滞胀的经济目标。

里根供给管理政策实施的主要效果是：在里根任期内所有经济阶层的所得都提高了，包括最底层的贫穷人口也提升了6%（美国普查局，1996年），而同时最富有的1%美国人则提升了1万亿元的收入（ZINN，2003年）。

与里根在同一时代，英国撒切尔夫人推出了“撒切尔主义”（Thatcherism）或“撒切尔革命”，其主要政策主张是：坚持新自由主义的自由市场经济理论，反对凯恩斯理论和福利国家理论；推行私有化，反对国有化；颂扬财富创造，反对平等主义；推进去监管化，取消汇率管制；鼓励工资自由浮动，打击工会力量；减税，削减福利开支等。

在撒切尔主义的主宰下，英国经济重新恢复了活力，通货膨胀得到控制。英国经济增长率在1980年以后有所提高，1982～1989年维持在年均2.8%左右的水平，高于同期欧美主要工业化国家的水平，但也使得经济上的不平等现象越来越严重。

从各国的实践经验来看，需求由于受收入增长和购买力的限制，表现为一种较为被动的力量，而供给则表现为一种比较主动的力量。需求管理政策实行时间长了往往产生很多副作用，如挤出私人投资、引发通货膨胀等；而大多数供给管理政策，则由于能发挥市场作用、激发企业活力、促进技术进步等而成为促进经济发展的健康力量。

（二）中国改革开放以来的多数改革都是从供给侧进行的

供给侧结构性改革并非始自今日，改革开放以来大多数改革都是从供给侧进行的。20 世纪 80 年代的家庭联产承包责任制改革、发展乡镇企业、允许农民在小城镇落户和进城打工、放权让利改革等，90 年代中期以农村综合改革、国有企业改革、价格改革、财税改革、金融改革、外汇改革等为主要内容的经济体制总体改革，90 年代后期的国有经济战略性改组、发展中小企业、政府机构改革，党的十八届三中全会后推出的经济、政治、文化、社会、生态“五位一体”的全面改革等，多属于供给侧改革。

特别是在 20 世纪 90 年代后期的亚洲金融危机期间，我国经济在美国、日本、欧盟、新兴工业化国家和地区等主要经济体都不十分景气的国际环境中保持了相对持续稳定的增长态势，甚至可以说处于近乎“一枝独秀”的状态。许多人都将其归功于积极财政政策的作用，但正如著名经济学家吴敬琏指出，以积极财政政策为主要内容的需求政策只是导致经济持续稳定增长的一股力量，以发挥企业活力为主要内容的供给政策是不可忽视的重要力量。比如，对国有经济进行战略性改组、深化国有企业改革、完善公司治理结构、大力发展非国有经济和民营中小企业、加快对电力电信等垄断行业的改革、放松经济管制、鼓励民间投资、大力发展高新技术等供给侧改革，都是引致经济持续稳定增长的主要力量。

这不难理解，凡改革都是要调整制度或体制机制，都涉及优化调整不同主体之间的责权利关系，目的是调动各方面的积极性和创造性，提高全要素生产率，而这正是供给侧改革的要义所在。

（三）中国当前推进供给侧改革的特殊背景

与过去30多年的供给侧改革相比，目前的供给侧改革除了有共性的一面外，也有如下特殊性。

首先，经济发展阶段不同。中国持续30多年9.8%左右的高速增长阶段已经结束，现已进入到经济增速换挡期，换挡后很可能进入到年均GDP增速6%～7%的中高速增长阶段。工业化进入到中后期阶段，即中期向后期过渡的阶段，主要表现是重化工业阶段进入到下半场，其主要特征是技术或知识密集型重化工业与生产性服务业相交融发展。城镇化进入到加速发展阶段的下半场，据国际经验，城镇化水平处于30%～70%时属于加速阶段，其中30%～50%属于加速阶段上半场，50%～70%属于下半场。2015年我国城镇化率达到56.1%，说明城镇化已进入下半场，下半场的主要特征是在提高城镇化水平的同时更强调提高城镇化的质量。从收入水平来看则已进入到中等收入阶段，面临“中等收入陷阱”的挑战。在新阶段推进供给侧改革任务更重，压力更大。

其次，国际环境不同。以往当中国经济总量排在国际相对靠后位置时，推进供给侧改革相对来说容易得到国际社会的支持，可以分享国际化或经济全球化的红利。但当中国经济总量成为世界第二且开始紧追美国后，中国面临的国际环境日趋复杂，针对中国的贸易保护主义等问题越来越严重。在这种新的国际环境中，我们推进供给侧改革就必须更多地依靠国内力量。

再次，人口、资源和环境约束不同。自2012年开始，15～64岁之间的生产性人口占总人口的比重开始下降，“人口红利”消失，人口老龄化提前到来，“刘易斯拐点”也已于2008年前后到来。同时，在连续30多年的经济高速增长后，资源日益短缺，环境污染压力加大，雾霾等问题成为不可承受之重。这些新的约束条件，使得供给侧改革不能再像过去30多年那样主要依靠大规模要素投入来推动，而必须主要依靠提高全要素生产率来推动。

然后，技术背景不同。尽管自20世纪90年代以来，信息化就一直在取得进展，但与当前这一轮以信息化、数据化、智能化、低碳化为内容的新技术革命相比，还是明显不在一个层次上。可以说，新一轮全球科技革命和产业革命正在蓄势待发，与蒸汽机革命、电力革命相匹配的第三次全球科技革命正在到来。这为新阶段的供给侧改革提供了历史性机遇和有力支撑。

最后，部分内容不同。过去30多年的供给侧改革主要是解决经济增量问题，而新阶段的这次供给侧改革，除了要解决经济增量问题外还要先解决累积多年的存量问题，特别是实体经济产能过剩、房地产高库存、基础设施超前超大超量建设、地方政府高债务、银行不良资产较多等存量问题。存量问题的解决容易引发风险，更具挑战性，所以这次的供给侧改革必须在化解存量问题中寻找新出路。

小结

【面对问题是解决问题的前提】2016年的供给侧结构性改革拟从去产能、去库存、去杠杆、降成本、补短板入手，这是针对当前面临的经济增速下行、工业品价格下降、企业效益下降、政府收入下降、金融风险概率上升等问题而采取的针对性措施。这些措施会带来一些风险，但不破不立，只有弃旧图新才有好的未来。

【从容面对经济下行】中国经济仍在探底，经济规律在顽强地发挥着作用。目前的最大风险不是经济下行，而是对下行的过度恐惧。如果过度恐惧，就会心不静，左右摇摆，重走老路，延误改革转型创新的最佳时机。只有从容面对下行，着眼未来，保持定力，始终抓住改革转型创新不放松，才能实现向新常态平稳过渡。

【为什么要主动调结构】在市场经济条件下，调结构是企业等主体根据市场需求和制度环境自发进行的，是一个自然历史过程。但中国并非成熟的市场经济，政府对经济结构影响很大，解铃还需系铃人，在如今的调结构中仍然需要政府从大局出发，主动打破利益格局，淘汰落后，优化升级，承受阵痛，开创未来。

【与其阻止调整不如引导调整】经济运行是有规律的，这次经济下行有其必然性。在下行面前我们要保持对规律的敬畏，不要过于人为地阻止经济的内在调整，以免为未来留下更大麻烦。但也要认识到过快下行的危害性，不能听之任之、无所作为，要通过多种手段控制下行的速度和斜率，以将风险控制在可承受范围内。

【结构调整有阵痛是正常的】中国经济正处于结构调整阵痛期。结构调整包括需求结构调整、产业结构调整、区域结构调整、收入结构调整、要素投入结构调整和企业组织结构调整等。结构调整意味着旧的淘汰、新的诞生，淘汰也好，诞生也罢，都会有阵痛。如果畏缩不前就没有未来，只有勇敢面对才能开创新局面。

【有序释放风险是中国经济最紧迫的任务】随着时间的推移，稳增长与控风险的腾挪空间相对缩小。面对经济持续下行带来的风险，有序释放风险虽然本身也存在一定风险，但只要精心调控，把握好各方平衡，做好社会政策兜底工作，实现软着陆是有可能的。但有序释放风险的时间窗口也是有限的，必须抓紧时间推进。

【"释放风险"比"防控风险"更迫切】预防风险是假设风险还未产生，提前预防。控制风险是将风险控制住，不让其恶化，但未解决风险。释放风险是假设风险已经存在，通过努力将风险逐步释放，减少风险存量。当前，风险已客观存在，预防已不现实，控制住只不过将问题推向未来，唯有释放风险才是正确途径。

【释放风险比控制风险更重要更难】释放风险是将业已存在的风险通过打破刚性兑付等有序释放出来，其好处是风险逐步减少，其坏处是释放需要高超平衡艺术，释放过程中存在风险。控制风险是将风险暂时压制住，但风险并未减少甚至悄然继续累积，未来不确定性很大。这是一个两难选择，需要考验我们的智慧和勇气。

【释放风险是最现实的控制风险的措施】经济风险已累积多年，如果一味地通过刺激政策严防死守，虽暂时好看，但风险还在累积，潜在风险更大。所以正确的选择是承认风险，以可控方式和节奏及时主动释放风险，让“堰塞湖”的水位逐步下降，这样做虽短期有阵痛，但可避免系统性风险。供给侧改革正是释放风险之策。

【即时风险、放水与延时风险的艰难抉择】改革、转型、创新可逐步解决培育新增长点的问题，但难以解决即时风险的问题，而放水可立竿见影地解决即时风险的问题，但会带来延时风险问题。面对即时风险可避免延时风险，掩盖即时风险可带来延时风险，如何选择？两难也。只有通过高超的平衡技术寻找出路。

【允许个案性金融风险发生是自信的表现】总理记者会上称“我们允许个案性金融风险的发生”，这是一个重要信号，它意味着将打破刚性兑付魔咒。如果不惜代价禁止个案性金融风险的发生，尽管眼前好看，但道德风险加大了，风险意识弱化了，结构调整放缓了，后遗症加大了。一旦允许，则意味着解决问题的开始。

【没有效率的发展是不可持续的】在经济学看来，所谓科学发展即要实现有效率的发展，所谓转变发展方式即将粗放方式转变为高效率方式，所谓经济新常态即速度与效率同步的状态。在低效率发展方式下，最终一定会出现高强度劳动、资源短缺、环境破坏、货币超发、债务沉重和泡沫累积等，最终是不可持续的。

【中国经济最大威胁不是增速下降，而是效率下降】自2010年以来，中国经济增速一直在下降，这已引起各方高度关注。如果经济效率保持稳定或者上升，则经济增速下降并不可怕。但如果随着经济增速下降，经济效率同时下降，则说明经济遇到了很大问题。因为经济效率下降必将进一步依赖刺激，消耗资源，破坏环境。

【推进产业结构优化升级重要而紧迫】推进经济提质增效，化解产能过剩、地方债务、金融风险有赖于产业结构优化升级；缓解资源环境压力、应对“高成本时代”到来的挑战必须推进产业结构优化升级；应对发达国家“再工业化”竞争必须推进优化升级；消费结构升级和新一轮全球技术革命为优化升级提供了条件。

第三章

反思需求管理政策

“三驾马车”需求管理理论在学术界一直很流行，也影响了我国的决策和实践。虽然我们不能完全否认“三驾马车”在经济发展中的作用，但一定要认识到：它只是GDP的三大组成部分，只是需求侧的短期动力，只是多种动力中的一种，只是经济下行和经济危机时期用以抚平经济波动的非常举措。但长期以来我们将“三驾马车”当作常规性动力和常规性政策了，每当经济下滑就举出“三驾马车”的大旗，由此导致了一系列副作用和后遗症，如造成产能过剩、引发通货膨胀和资产价格泡沫、带来大规模地方债务和企业债务、增加银行不良资产甚至引发金融风险、拉大贫富差距以及激发社会矛盾等。

我认为，需求不是经济发展的原动力。与其说需求提供原动力，倒不如说新供给本身能够自动创造新需求。例如，苹果手机是技术创新的产物，因为有了新产品供给，于是新需求就出现了。经济发展的原动力应从供给侧“三大发动机”——制度变革、结构优化和要素升级中去寻找，其中制度变革是最根源的“发动机”。

一、“三驾马车”不是经济发展的根本动力

消费、投资和出口“三驾马车”已成为社会各界分析和理解宏观经济的基本工具，既然是“马车”，很多人很自然地将其作为经济发展的基本动力。其实，“三驾马车”只是以支出法核算的 GDP 三大组成部分，主要反映了经济发展的结果，而非经济发展的原因，更非经济发展的根本动力。

（一）“三驾马车”是什么

首先，“三驾马车”只是 GDP 的三大组成部分。GDP 是一定时期内一个国家或地区所生产的全部最终产品和劳务的价值，反映的是国民经济各部门的增加值的总额。GDP 核算有生产法或部门法、收入法和支出法三种方法。生产法核算公式：GDP = 总产出 - 中间投入。收入法核算公式：GDP = 劳动者报酬 + 生产税净额 + 固定资产折旧 + 营业盈余，或 GDP = 工资 + 利息 + 利润 + 租金 + 间接税和企业转移支付 + 折旧。支出法核算公式：GDP = 居民消费 + 企业投资 + 政府购买 + 净出口，或 GDP = 最终消费支出（含居民消费和政

府消费）+资本形成总额（含政府投资）+货物与服务净出口，即等于消费、投资和出口“三驾马车”之和。

其次，“三驾马车”只是影响 GDP 的需求侧因素。准确地说，消费、投资和出口应是消费需求、投资需求和出口需求。经济发展确实离不开需求，价格就是由需求和供给共同决定的。没有需求，商品供给就会过剩；同时需求减少，价格就会下降，商品供给就会减少。但同时也要认识到，需求离不开商品供给，特别是离不开供给侧因素（指所有支撑商品供给的制度、生产要素和结构变化因素）。因为需求依赖于需求者的购买力，购买力依赖于就业、收入和保障水平等，就业、收入和保障水平的提高依赖于商品供给者（企业、农民和个体户等）的供给能力或市场竞争力。供给能力的提高可以创造出巨大的新需求，如各种新型手机等新兴商品的需求。“供给创造需求”的“萨伊定律”在各种新产品中可以得到很好的验证。

最后，“三驾马车”只是影响 GDP 的短期因素。“三驾马车”在凯恩斯宏观经济学理论中得到了集中的体现，凯恩斯理论主要分析短期宏观经济波动。凯恩斯也说了，“从长期看，我们都已经死了”（In the long run，we are all dead），所以他不太关心长期问题。事实上，拉动“三驾马车”的凯恩斯宏观经济政策（财政政策、货币政策和投资政策等）也都是从短期考虑的，即主要解决短期的就业创造、GDP 增长等问题。

（二）“三驾马车”不是什么

第一，“三驾马车”不是经济发展的根源动力。“三驾马车”主要是结果，而非原因：消费是生产的结果，生产带来个人收入，个人收入形成消费；需求意义上的投资也是生产的结果，生产带来企业收入，企业收入变成投资；出口也是由企业生产的产品外销形成的。有了好的就业、收入和保障后，消费无须多虑；有了较高的利润、产权保障和投资机会后，企业投资自会进行；只要产品有竞争力，出口就不难。经济发展的根源动力一定来自于企业等经济主体的积极行为及影响行为的制度和技术等因素。只有将制度理顺和技术进步后，各经济主体自会积极行为，竞争力自会提升，收入、利润等自会相应增加，“三驾马车”也会自动前行。也就是说，“三驾马车”不是经济发展的根源动力，好的制度、人的积极行为和技术进步等才是经济发展的根源动力。

第二，“三驾马车”不是经济发展的中长期动力。“三驾马车”虽然可以通过宏观政策刺激带来短期的经济增长，但只要宏观经济政策一紧缩，经济增长就不可持续。而且，由于“三驾马车”容易产生副作用和后遗症，在短期增长后需要消化这些副作用和后遗症，也制约着经济的可持续发展。经济发展可持续的中长期动力只能来自于效率的提高，而效率的提高只能靠制度变革、要素升级（如技术进步）和结构优化（如产业转型升级）等。

第三，“三驾马车”不是经济发展的独立动力。“三驾马车”要发挥作用，必须依赖于宏观经济政策。比如，消费的扩大依赖于消费税收、消费信贷、家电下乡等政策，投资的增加依赖于货币政策、信贷政策和投资政策，出口的提升依赖于出口退税等政策。事实上，各国在经济危机或经济下行时期，都采取了积极的财政政策和宽松的货币政策等来拉动经济增长。如果没有宏观经济政策的刺激，“三驾马车”就动不起来。

（三）过分依赖“三驾马车”有许多副作用和后遗症

由于依靠制度变革、结构优化和要素升级等供给侧“三大发动机”来拉动经济增长短期难以见效，并且主要依靠发挥市场的作用，而“三驾马车”则可立竿见影，并且政府大有可为，所以政府常常将本来是非常时期的刺激政策当作常规政策来用，而且会形成很大的依赖，以致欲罢不能。

但是，过分依赖“三驾马车”来拉动经济增长会带来如下很多副作用和后遗症。

一是强化了 GDP 导向。“三驾马车”本来就是 GDP 的三大组成部分，拉动“三驾马车”的政策无疑都是冲着增加 GDP 去的。而社会需求是多元的，且 GDP 不能反映资源环境代价、社会公平和幸福指数等，因而过分依赖“三驾马车”会使政府和社会掉入“GDP 增长至上”的陷阱。

二是固化了政府主导经济体制。经济发展的主体应是企业和创业者，政府主要为其提供良好的制度和政策环境。但由于“三驾马车”发挥作用对政府政策有很大的依赖，如果过分依赖“三驾马车”来拉动经济增长，则必然固化政府主导经济的体制，不利于转变政府职能，不利于充分发挥市场在资源配置中的决定性作用。

三是增加了资源环境压力。过分依赖“三驾马车”来拉动经济增长，必然会刺激消费、增加投资、扩大出口，必然会主要依靠大规模消耗资源、能源，而非主要依靠提高生产率来实现经济增长。这会带来巨大的资源短缺、环境破坏压力。

四是容易形成经济泡沫。过分依赖“三驾马车”来拉动经济增长，就会采取超发货币、放松信贷、影子银行、发行债券和增加投资等手段来推进经济增长，就会对房地产开发、基础设施建设、“造城运动”和开发区建设等情有独钟，最后形成经济泡沫。

总之，我们不能否认，“三驾马车”是经济发展需求侧的短期动力，是经济危机和经济过度下行时期的重要政策选择，但一定要认清它不是经济发展的根本动力、中长期动力，过度依赖它会有很多副作用和后遗症。正确的选择应是：让其在经济危机和经济过度下行的特殊时期发挥应有的应急作用和抚平经济波动的作用，一旦经济进入正常轨道就要及时摆脱对它的依赖，转向主要依靠制度变革、结构优化和要素升级“三大发动机”，主要依靠企业和市场的作用，来实现持续、健康的经济发展。

二、“三驾马车”需求管理理论的缺陷

（一）“三驾马车”需求管理理论的问题

一是过分强调出口、投资和消费这三大需求的作用，相对忽视供给的作用。而实际上，经济发展是供给与需求共同作用的结果。当然，这里的供给不是狭隘的产品供给，而是经济发展的“供给侧”

力量，包括技术进步、人力资本增加、结构升级甚至制度创新等。许多人分析宏观经济形势动不动就是“三驾马车”，我们不能说这么做完全不对，但存在明显的缺陷。

二是过分强调短期的分析，相对忽视中长期的分析。而实际上，经济发展是短、中、长期相结合的，短期趋势是建立在中长期趋势基础之上的。如果我们将中长期的发展趋势看清楚了，则不必太在意短期的趋势，“管你短期东南西北风，我自气定神闲”。如果只关注短期数据，我们就会随着波浪起舞，其结果是晕头转向，不知东西。

三是过分强调经济因素的分析，相对忽视非经济因素的分析。而实际上，经济社会发展往往是经济因素与非经济因素共同作用的结果。仅仅运用经济学是不够的，还需要发挥其他学科的作用。

四是过分强调政府的作用，相对忽视市场的作用。在 2008 年以来的反危机过程中，政府明显运用了凯恩斯需求管理理论和政策：危机来了，经济增长下滑了，失业率增加了，就开始强调政府的作用，通过政府大规模投资、大规模建设、大规模印钞票来实现稳增长目的。这就带来了两个结果：一方面经济快速复苏和反弹，效果立竿见影；另一方面经济开始出现资产价格泡沫、通货膨胀、银行坏账、债务负担、产能过剩和市场化倒退等。

五是过分强调宏观总量的分析，相对忽视微观个体行为的分析。而实际上，经济发展往往是宏微观相融合的，宏观总量是建立在微观行为基础之上的。宏观总量是个体的总和，只有看清了大多数个体的行为状态，才能科学地把握宏观态势。

（二）用“五个相结合”弥补需求管理理论的缺陷

当然，凯恩斯理论不是一无是处，但我们一定要看清其内在缺陷，有针对性地弥补其缺陷，努力做到如下“五个相结合”，这样才能更加全面、客观地分析形势和展望未来。

第一，将供给和需求相结合。除了需求侧的“三驾马车”外，还要重视技术进步、信息化、人力资本、结构升级、新增长点形成和制度创新等供给侧因素的作用。

第二，将短期和中长期相结合。不仅要分析当年的经济形势，而且要分析未来中长期的经济走势。必须先把未来3～5年的大趋势看明白，才能更好地分析当年的经济形势。

第三，将经济因素和非经济因素相结合。要善于运用多学科的思维来分析和观察现实、预测未来。这里需要指出的是，经济因素与非经济因素存在相交叉的地带，比如转变发展方式、调整结构和推进绿色发展等，就是两种因素相交叉的领域。

第四，将政府作用和市场作用相结合。要分清政府和市场的边界，使政府和市场职责分明，各得其所。属于市场职责范围的就应充分发挥市场的作用，具有外部性的公共产品领域则要发挥好政府的作用。

第五，将宏观分析和微观分析相结合。一定要找到宏观分析的微观基础。所谓微观基础，就是来自企业和个人的行为选择。不管是货币政策还是财政政策，都要通过引导企业等微观主体的行为来发挥作用。

（三）需求管理理论和政策被过度重用的原因

在凯恩斯理论出现后，人们对有效需求（有支付能力的需求）在经济发展中的作用有了较深刻的认识，在分析经济增长（如GDP增长）时，三大需求或所谓“三驾马车”（消费需求、投资需求和出口需求）成为主要工具或视角，而供给侧因素或供给侧力量则较少考虑。其原因在于以下三点。

一是需求管理理论契合了政府的需要。需求管理理论论证了政府干预的必要性，提供了明晰的政策干预工具，因而为各国政府所喜爱。而且需求管理政策不仅为使用者带来了权力，也带来了直接利益，一旦用上就很容易上瘾，难以摆脱。

二是需求数据容易获得，较方便做研究。出口、投资和消费三大需求的内涵和外延都比较清晰，衡量标准和评价指标体系明确，统计数据较容易获得，为政府和研究者所喜爱。而供给侧因素则相反，内涵和外延都不清晰，争议也较大，评价指标体系不明确，统计数据难以获得，因而被很多人所忽视。

三是教科书上的供给定义限制了人们的思维。既然供给只是生产者的商品供给，那么在短缺经济时代结束、生产产能常常过剩的情况下，增加供给似乎已不是经济发展的主要决定力量或制约因素，只要考虑需求拉动就可以了。而实际上，商品供给只是广义供给因素发挥作用的一种结果形态，远不能代表供给侧因素本身，新需求是要靠新供给来创造的，供给才是原动力。同时还要认识到，不好统计的因素常常是更本质的因素。

三、需求管理政策带来了“投资依赖症”

（一）过分倚重投资拉动经济会带来“投资依赖症”

投资是需求管理的“三驾马车”之一，是中国经济近年来最为倚重的马车，而过分倚重投资拉动经济会带来“投资依赖症”。

近年来，中国经济对投资甚为纠结。一方面，必须对过去多年高投资带来的产能过剩、债务偿还压力、资产价格泡沫、资源环境问题等进行处理，以致对继续高投资心存戒惧；另一方面，为了稳增长、保就业、控风险，又必须依赖投资。明明知道高投资的副作用和后遗症大，但又不得不依靠它，呈现出“投资依赖症”（或“投资饥渴症”）的某些特征。

依赖症本是医学概念，其原意是指病人为了获得某种身体和心理效果，对某种药物或行为存在依赖性渴求，以致成瘾成病。投资作为经济增长的“三驾马车”之一，作为生产投入的基本手段，作为政府调控的重要工具，其重要性自不待言。最关键的是，投资涉及权力和利益的分配，一旦形成某种格局，就存在“路径依赖”。不论是从其重要性来看，还是从其权益属性来看，投资都容易出现“投资依赖症”。

对投资的作用和“投资依赖症”，不同学者之间存在激烈的争论。一派观点认为，投资不是消费必须作为促进经济增长的主要手段，不存在“投资依赖症”，其代表人物是林毅夫等；另一派观点认为，过度投资的副作用和后遗症很多，消费才是经济增长的正确动力；还有一派观点认为，经济增长的真正动力不是来自需求侧的投资和消费，而是来自供给侧的“三大发动机”——制度变革、结构优化和要素升级。

有些争论是因为对概念的理解不同而造成的。投资有不同类型：既有需求侧的投资（投资需求），也有供给侧的投资（投资行为、投资资金）；既有政府投资，也有社会投资（企业投资和个人投资）；既有理性投资，也有非理性投资。这种划分可以澄清很多争论。例如林毅夫侧重从供给角度理解投资，他认为，经济增长本质是劳动生产率提高，劳动生产率提高必须靠技术创新和产业升级，技术创新和产业升级必须以投资为载体；消费很重要，但消费必须是经济增长的结果，不能作为推动经济增长的手段；现在发生危机的国家多是过度消费造成的，从来没有看到一个投资过多而造成危机的国家。但批评者多是从投资需求角度批评林毅夫的，当然林毅夫本人也没有分清“需求侧投资”和“供给侧投资”。

这里不拟对这些争论进行深入分析，只是想由此引出对“投资依赖症”的较准确理解。本书的“投资依赖症”是指经济对投资需求、政府投资和非理性投资的过度依赖。

投资需求是指整个社会在一定时期内对投资品的需求，是中间性、生产性需求（与消费需求作为最终性需求相对应），由资本边际效率和利率决定，表现为固定资产投资和存货增加额之和，财政收支、货币发行、利率和汇率等是影响投资需求的主要政策变量。而供给侧的投资是指经济主体为获得经济效益而垫付货币或其他资源用于某项事业的经济活动，由收入水平、储蓄率和投资率等决定。

“投资依赖症”主要指经济增长对投资需求的依赖，具体表现为对制造业投资、房地产投资、基础设施投资和服务业投资需求的依赖，进而表现为对促进这些投资的财税货币政策的依赖。从投资主体分类，投资又分为政府投资和社会投资，社会投资由于受预算和投资责任的约束，依赖症的表现程度有限，所以“投资依赖症”主要表现为对政府投资的过度依赖。投资还可分为理性投资和非理性投资，理性投资因受预算和投资责任约束而难以表现为病症，而非理性投资则因为“预算软约束”、缺乏投资责任约束、追求短期效果而成为“投资依赖症”的主要表现形式。

（二）中国已出现明显的“投资依赖症”

中国已出现了较明显的“投资依赖症”，具体表现在以下三个方面。

首先，对投资需求过多，投资率持续超过警戒线。从投资率（固定资产投资/GDP）来看，发达国家的投资率一般在20%左右，新兴经济体在经济高速增长时期投资率在40%左右。如果投资率长期维持在50%（警戒线）以上，则意味着经济增长对投资过度依赖。中国20世纪90年代的投资率基本正常，如1995年、1996年、1998年、1999年的投资率分别为33.4%、34.7%、35.8%、36.6%。进入21世纪后投资率不断攀升，2003年达到47%，2006年达到62.3%，2009年达到66%，2010年、2011年、2012年、2013年分别达到69.5%、66%、72%、78.5%。近五年来维持在

65%以上，大大超过了警戒线。

其次，政府投资的比重偏高。据国务院发展研究中心研究员金三林研究，自20世纪90年代以来，企业投资占GDP比重波动上升，从1992年的27.8%上升到2005年的28.5%；政府投资占GDP比重有较大上升，从1992年的2.1%上升到2005年的5%；自20世纪90年代中期以后，随着居民购房的快速增长，居民投资占GDP比重也呈上升势头，从1992年的6.7%上升到2005年的9.2%。2005年中国投资率比1992年提高了6.1个百分点，其中政府投资贡献了2.9个百分点，贡献率为47.3%；居民投资贡献了2.5个百分点，贡献率为41.3%；企业投资贡献了0.7个百分点，贡献率为11.4%。因此，政府投资增长、居民房地产投资增长成为中国投资率上升的主要原因。

最后，非理性投资较多。非理性投资是指“预算软约束”、缺乏投资责任约束的投资和追求投机效果的投资，没有准确的指标来衡量。由于地方政府的投融资（反映在负债上），特别是房地产投资大致符合此标准，故以此大致代替说明。据审计，截至2013年6月底，地方政府债务达到17.9万亿元，截至2012年年底，地方政府性债务对土地出让收入的依赖程度达到37.23%。2013年，全国固定资产投资（不含农户）436 528亿元，房地产开发投资86 013亿元，房地产开发投资大致占固定资产投资的20%。

（三）从根源入手摆脱“投资依赖症”

“投资依赖症”的原因主要来自政府主导经济增长的体制、GDP

导向的干部考核制度、缺乏约束的投资主体和赶超发展的意识。在政府主导经济增长的体制下，在投资缺乏预算硬约束、投资失败责任缺乏追究的机制下，在赶超意识根深蒂固的情况下，政府及其干部、企业及其管理者为了追求政绩和业绩，不计后果和可持续性，疯狂地进行各种投资，以实现自身的目的。

“投资依赖症”的危害是多方面的，如造成产能过剩、增加债务负担、推动通货膨胀、引发金融风险、加大资源环境压力、增加“寻租”机会以及扩大贫富差距等。

解决“投资依赖症”的根本出路在于两个方面：一方面要树立尊重自然、尊重规律、尊重市场的观念，放弃赶超发展意识和 GDP 崇拜，积极稳妥、循序渐进地推进工业化、城镇化和现代化；另一方面要加快全面改革，转变政府职能，简政放权，发挥市场在资源配置中的决定性作用，硬化政府和国企投资的预算约束，强化投资责任追究。总之，要主要依靠供给侧改革的效率提高而不是粗放投入来推动经济增长。

四、需求管理政策带来了“低效增长症”

（一）不可忽视的“低效增长症”

1978 年以来，中国经济保持了年均 9.8% 左右的高速增长，在世界经济增长史上不多见。但这种增长主要是依靠需求管理政策和大规模投入带来的，或者说主要表现为粗放增长，经济运行的效率并不高。正因为如此，我国从20世纪90年代中期就开始强调转变经济增长方式，新一届中央领导更是反复强调要追求有效率、有效益、没有水分的增长。但低效增长问题已积重难返，需要深入研究，找出其病根，并持续做出改革和转型等努力，才能逐步解决。

按照生产函数和增长经济学理论，从供给侧来看，经济增长可通过两大基本途径来实现：一是通过劳动、资金、土地和资源等生产要素的投入来实现；二是通过提高全要素生产率来实现。提高全要素生产率的途径则是我近年来反复强调的经济增长供给侧“三大发动机”——制度变革、结构优化、要素升级（含技术进步和人力资本增加等）。同时，政府也可以从需求侧入手，运用凯恩斯主义的刺激政策，特别是积极财政政策和宽松货币政策，通过增加出口、投资和消费三大需求来加快经济增长。如果从经济效率角度对经济增长进行分类，可将经济增长分为低效增长和高效增长。一般来说，主要依靠大规模生产要素投入带来的增长常常表现为低效增长，主要依靠“三大发动机”拉动的增长常常表现为高效增长。

低效增长是经济增长中的一种现象，不是所有的低效增长都有低效增长症。之所以成为低效增长症，主要是由于制度和体制的原因，使得低效增长持续时间过长，进而带来很多后遗症，如资源能源消耗多、环境破坏严重、资金利用效率低等。低效增长既表现在国民经济整体运行效率（包括资源配置效率）偏低，也表现在某种生产要素的生产率水平偏低。衡量低效增长的指标很多，如单位GDP能耗、单位GDP水耗（用水量）、单位GDP地耗（建设用地）、土地生产率、劳动生产率、投资效率和资金利润率等。

客观来说，中国过去30多年的高速增长不完全是低效增长，其中部分增长是由全要素生产率的提高带来的。据华冬芳等人采用索洛余值法估算，1979～2009年全要素生产率对中国经济增长的贡献率达到28%，要素投入仍是经济增长的主要推动力，资本投入对经济增长的贡献率达到63.24%。制度变革、结构优化和要素升级都可对全要素生产率提高做出贡献。1978～1998年间，劳动力转移（结构优化的表现之一）对经济增长贡献率达到21%。

（二）“低效增长症”的主要表现

但我们也要清醒地认识到，低效增长或粗放增长仍然是我国经济运行的主要矛盾。我国现有统计系统对经济效率的指标统计还很不健全，仅从现有有限的效率指标来看，虽然近年来一些效率指标有所改善，但与世界平均水平相比还有较大的差距，与转变经济发展方式的要求相比更是有不小的距离。

能耗过多。国家发改委原主任张平向全国人大常委会作报告时提到，2010年中国单位GDP能耗是世界平均水平的2.2倍。中国工程院院士陆佑楣在2013年能源峰会上提到，2012年我国一次能源消费量36.2亿吨标煤，单位GDP能耗是世界平均水平的2.5倍、美国的3.3倍，同时高于巴西、墨西哥等发展中国家。我国每消耗1吨标煤的能源仅能创造14 000元GDP，而全球平均水平是25 000元GDP。

地耗过多。国土资源部发布的《2013年中国国土资源公报》显示，2013 年国有建设用地供应量为 73.05 万公顷，连续 5 年保持增长。国家土地督察系统在 2011 年例行督察中发现，全国 43 个城市中共有 918 个项目存在土地闲置问题，涉及面积共计 8.84 万亩。2013 年据时任上海市常务副市长杨雄介绍，上海市全市建设用地的产出率大概是纽约的 1/29、香港的 1/14。“上海市漕河泾开发区土地利用效率最高，每平方公里的工业产值是 200 亿元，而中国台湾的新竹则是 513 亿元。”

投资效率低。据史正富的研究，1978 ~ 2010 年中国的资本产出比为 3.92，美国 1965 ~ 2010 年的资本产出比为 5.29，日本 1980 ~ 2010 年的资本产出比为 14.69。

（三）痛下决心加快治理“低效增长症”

造成低效增长的原因很复杂，但主要原因还是制度。现代经济学已通过数学逻辑证明，完全竞争的市场经济可以实现帕累托最优效率，尽管现实中不存在完全竞争的市场经济，但不难得出“竞争性市场经济与高效率兼容”的结论。在现代市场经济中，低效率的东西必定为激烈的市场竞争所淘汰，所以“低效增长症”难以持续存在。而“低效增长症”在非市场体制中则有可能长期存在，主要原因是一些非市场体制特别是中央集权体制存在保护垄断特权、保护低效落后、抑制公平竞争的制度安排。

具体来说，产权制度不合理会导致“公地悲剧”而降低效率；国有企业由于可以通过垄断特权获得收益而缺乏追求市场效率的压力和积极性；资源能源、资金等生产要素价格扭曲，会导致生产要素向低效率部门或地区转移，从而降低整个国民经济的配置效率；政府“企业化定位”和GDP考核导向制度，使政府直接经营土地、城市和投融资平台，增加垄断、排斥竞争，而降低经济运行的效率；以促进经济增长而非经济社会发展为主要目的的货币政策和财税政策也会导致经济效率的下降，如既然增加货币发行就能直接带来经济增长，就没有压力费神通过提高效率去实现经济增长了。

低效增长症如果长时间持续，必定会带来一系列后果，如资源浪费、能源短缺、环境破坏、资金短缺（钱荒）、货币超发、通货膨胀、资产价格泡沫、债务危机、民工荒和技工荒等。

因此，必须痛下决心加快治疗低效增长症，基本药物还要从能提高全要素生产率的“三大发动机”中去寻找。一方面，要通过全面改革推进制度变革，如改革导致低效增长的产权制度、企业制度、价格制度、行政管理制度、干部考核制度、财税制度、金融制度和土地制度等，为高效增长创造制度条件。另一方面，要通过推进新型工业化、新型城镇化、区域经济一体化、产业转型升级等，优化经济结构，提高国民经济的配置效率。与此同时，还要通过促进技术进步、推进信息化、增加人力资本、完善基础设施等，推进生产要素升级，提高全要素生产率。

五、需求管理政策加剧了资源环境压力

过分依赖需求侧“三驾马车”来拉动经济增长，必然会刺激消

费、增加投资、扩大出口，必然会主要依靠大规模消耗资源能源而不是主要依靠提高生产率，来实现经济增长。这样，会带来巨大的资源短缺、环境破坏压力。

（一）资源环境形势日趋严峻

第一，资源能源消耗过快、日益短缺。资源能源是经济发展的基本要素，资源能源相对充裕，则生产成本较低，反之则高。如果资源能源的对外依存度不断提高，则经济发展的风险加大、稳定性降低。中国经济持续30多年的高速、粗放发展，消耗了大量的资源能源，导致资源能源日益短缺，为未来的经济发展埋下了隐患。2012年，中国经济总量占世界的11.6%，但消耗了全世界21.3%的能源。2013年，能源消费总量达37.5亿吨标准煤，其中煤炭消费量占一次能源消费的66%。2012年，中国单位GDP能耗是世界平均水平的2.5倍、美国的3.3倍、日本的7倍，单位资源产出率只有美国的1/10左右。2013年中国原油对外依存度58%，铁矿石对外依存度接近70%。2014年，中国能源消费总量达到38.4亿吨标准煤左右，原油对外依存度为59.6%，铁矿石对外依存度达78.5%。

第二，环境污染形势严峻，对经济发展构成制约。环境污染会在如下几个方面影响经济发展：一是环境污染治理需要投入，其公益性投资的增加会对其他投资形成挤出效应；二是环境污染治理标准提高会限制部分产业和地区的发展空间；三是环境污染罚款会增加企业的成本；四是环境污染会影响招商引资；五是环境污染会影响身体健康，减少人力资本等。然而，在中国工业化城镇化高速推进的过程中，环境污染形势日趋严峻，对未来的经济发展构成了制约。研究表明，1950～1980年中国的雾霾日较少，1980年以后雾霾日明显增加，2000年以后急剧增长，2010年全国雾霾日29.8天，是1971年的近4倍。2013年全国平均雾霾日为35.9天，按新标准74个监测城市中空气质量达标率仅4.1%。近几年华北地区部分城市雾霾日达到全年的1/3以上天数。全国十大流域的水质总体为轻度污染，在704个水质监测断面中，劣V类水质断面比例占8.9%。2013年，全国土壤的点位超标率为16.1%，中度、重度污染分别占1.5%、1.1%，全国耕地10%以上受到重金属污染。在474个监测城市中出现酸雨的城市占比为44.4%。

第三，生态环境恶化趋势尚未遏制。据国家林业局第八次全国森林资源清查，全国森林覆盖率为21.63%，仍低于世界平均水平。第二次全国湿地资源调查（2009～2013年）结果显示，全国湿地面积比第一次调查结果减少了8.82%。2012年，全国自然保护区面积占辖区面积比重较2006年下降了14.9%。中国是世界上水土流失最严重的国家之一，全国水土流失面积仍达295万平方公里，占国土面积的30.7%。2014年11月在扬州召开的全国耕地质量建设现场会透露，目前耕地退化面积占耕地面积的40%以上。部分生物物种资源丧失态势并未得到有效控制。国土资源部发布《2013年中国国土资源公报》称，2013年全国共发生各类地质灾害15 403起，造成直接经济损失101.5亿元。

（二）造成资源环境问题的根源

首先，资源环境问题根源于人的本性和错误观念。人类在某种程度上具有贪婪的本性，总想尽可能多地利用资源和环境快速致富、加快发展，将满足人类自身的需要放在优先位置而将资源环境的承载力放在次要位置，将满足当代人的利益放在优先位置而将后代人的资源环境权益放在次要位置。近代以来，中国在列强的侵略下落后挨打了，当取得了国家独立后特别是具备发展的制度条件后，恨不得将先行国家走了几百年的工业化城镇化道路在三五十年内完成，于是全国各地争先恐后，快马加鞭，跨越发展、赶超发展、超常规发展、弯道超车、三年大变样、快速再造新城等蔚然成风，很少考虑资源环境的承载力和代价。同时，还有些人错误地认为，中国地大物博，资源丰富，大自然的自我净化能力强，宇宙广袤，污染排放的空间很大，国内资源不够可以到国外买，资源价格会自行调节资源的稀缺性等，这些错误观念一方面导致了资源环境问题，另一方面延误了资源环境问题的解决。

其次，GDP 导向考核制度加重了资源环境问题。经济发展与资源环境保护既统一又对立，在发展绿色低碳产业和循环经济的情况下，二者是统一的。但更多的时候二者是有冲突的，因为保护资源环境意味着必须放弃一些发展机会，同时还有投入成本。30 多年来，尽管市场化改革已取得了很大进展，但政府主导经济发展的体制始终没变，甚至近年来有些方面还在强化，集中体现在 GDP 考核导向上。也就是说，在面临经济发展与资源环境保护的矛盾时，许多地方常常倾向于追求经济发展。在 GDP 考核导向下，各地疯狂追求 GDP、工业增加值、财政收入等指标的高速增长，基本手段就是大力发展工业、房地产和基础设施等，为此大规模消耗了资源能源，破坏了环境。

再次，资源环境产权不清导致了资源环境问题。新制度经济学告诉我们，产权主体对自己的所有物具有内在的节约和保护动力，资源之所以被低效利用甚至浪费、环境之所以被破坏，一定是因为其产权不清、保护主体不明，存在“公地悲剧”。我国绝大多数资源环境的所有权属于国有，看似产权清晰、主体明确，但实际上国有资源环境由于终极主体——全国人民只是一个虚拟的行为主体，其代理人政府及其各部门节约资源保护环境的内在动力不足且可能存在寻租行为，委托代理链很长，信息又不对称，导致资源低效利用乃至浪费频发、环境破坏严重。事实上，我国的自然资源资产产权制度、资产负债表等都还没有建立起来，因此“公地悲剧”就难以避免。

最后，资源和环境产品的交易、补偿、监管和问责等制度欠缺，也造成了资源环境问题。碳排放权、污染排放权、水权、节能量等交易机制的欠缺，使得资源环境产品不能通过市场机制优化配置和低成本控制。资源有偿制度和生态补偿制度的欠缺，打击了资源丰富地区和为生态环境建设做出贡献地区继续保护资源和生态环境的积极性。用途管制制度、生态红线制度、污染排放许可证制度、污染排放总量控制制度和资源承载预警制度等监督制度的欠缺，使得资源利用、环境保护缺乏应有的约束。责任追究制度、损害赔偿制度、干部考核评价问责制度的欠缺，使得资源浪费和环境破坏行为缺乏有力的惩戒。

缓解资源环境问题必须抓“牛鼻子”，从问题根源入手，重点解决认识和制度问题。解决资源环境问题的制度很多，十八届三中全会决定就提到了20余项制度，如自然资源资产产权制度、自然资源用途管制制度、资源有偿使用制度、能源和土地节约集约使用制度、集体林权制度、自然资源资产管理体制、最严格的源头保护制度、最严格的损害赔偿制度、最严格的责任追究制度、环境治理和生态修复制度、生态保护红线制度、生态补偿制度、主体功能区制度、国土空间开发保护制度、污染物排放总量控制制度、污染物排放许可制制度、环境保护管理制度、国家公园体制、资源环境承载能力监测预警机制和污染防治区域联动机制等。此外，十八大报告等文件还提到了干部考核评价制度、环境影响评价制度、资源环境统计制度、资源和生态产品价格形成机制、环境税费制度、环境污染强制责任保险制度、信息公开和公众参与制度以及环境公益诉讼制度等。

仅有制度还不够，关键是要尽快将制度落到实处，使之成为解决资源环境问题的强大动力和有力保障。

（三）资源环境恶化带来的挑战

资源环境恶化突出表现在资源短缺、环境污染压力加大上，资源短缺、环境治污都会加大经济发展的成本。先行发达国家在高速推进工业化、城镇化时大多只有几百万或几千万人口，且可以通过殖民掠夺来满足资源能源需求。而中国拥有近14亿人口（比先行发达国家的人口总和还多），正处于高速工业化、城镇化过程中，需要消耗大量资源能源，且不能靠殖民掠夺，必须通过国际市场去购买，所以资源短缺带来的国际资源能源市场的波动都会对中国的经济发展产生很大的影响。而且，国内比较容易开采的矿产大都开采得差不多了，越往后开采成本越高，价格要进一步上涨。同时，环境污染治理的压力也越来越大。2008 年，中国的二氧化碳排放量已居全球第一，到 2020 年前后全球 30% 左右的碳排放量都可能由中国贡献，届时将面临前所未有的国际压力。而中国推进低碳发展要面临以下几个特殊挑战：正处于工业化城镇化快速推进阶段，属高碳排放阶段；资源禀赋结构是“多煤、缺油、少气”的高碳结构；在国际分工体系中处于高碳的加工制造环节；粗放发展模式具有“锁定效应”，短期难以改变。

六、需求管理政策带来了经济泡沫

（一）投资拉动带来了经济泡沫的累积

多年来，我们主要通过投资拉动来实现保增长或稳增长，积累了不少经济泡沫，主要表现在如下相互联系的几个方面。

一是政府和企业债务负担过重。据审计，截至 2013 年 6 月底，中国各级政府债务达 30.3 万亿元，地方政府债务 17.9 万亿元，2014 年、2015 年到期需偿还债务占总债务的 21.89%、17.06%。地方政府性债务对土地出让收入的依赖度达 37.23%。据标准普尔数据，2014 年中国企业债务余额将达 14.2 万亿美元，占预期名义 GDP 的

135%左右，而同期美国企业债务余额13.1万亿美元，只占预期名义GDP的75%左右。

二是货币信贷过度扩张，不良贷款率上升。2014年9月末，中国M2余额达120.21万亿元，M2/GDP从1997年3月末的109%上升到2014年3月末的超过200%，6月末更升至205%，远超美国2013年末的64.6%水平。2008～2013年，银行各项贷款余额年均增长19%，远超同期GDP增速，银行业资产占GDP比重持续攀升至260%。银行信贷过于偏向高风险资产，房地产贷款及房地产抵押贷款占银行业各项贷款比重近35%。由于信贷结构不合理和期限错配，一度出现了罕见的“钱荒”，2013年6月20日前后银行隔夜头寸拆借利率飙升到13.44%。2014年以来，银行存款开始减少，如2014年1月人民币存款减少9 402亿元，同比少增2.05万亿元；截至2014年9月30日，16家上市银行的银行存款总额较今年中报时减少了1.5万亿元，降幅达1.97%，这种情况是15年来首现。截至2014年9月底，中信银行不良贷款率为1.39%，比上一年末上升0.36个百分点；工商银行为1.06%，比上一年末有所上升；交通银行为1.17%，较年初上升0.12个百分点；招商银行为1.10%，比年初上升0.27个百分点。

三是影子银行过快增长，风险加大。全球金融稳定理事会（FSB）近期发布的《2014年全球影子银行监测报告》显示，2013年中国影子银行资产规模同比增长超37%，居全球第二，总额接近3万亿美元，居全球第三。另据中国社会科学院专家测算，中国影子银行规模可能达27万亿元人民币（约合4.39万亿美元）。中国信托资产规模从2008年的1.24万亿元快速膨胀到2014年第二季度末的12.48万亿元，稳居金融业“老二”。多数影子银行将短期资金（其中银行理财产品60%为6个月以下）配置到房地产和基础设施建设等长期项目或资产上，增加了期限错配风险。

四是高房价等资产价格泡沫较多。2004年8月31号实行招拍挂制度以来，中国房价踏上了持续上涨之路。2003年全国商品房均价每平方米2 456元，2013年涨到了每平方米6 237元，涨了近3倍。北京、上海等一线城市的房价上涨更为显著，如北京2003年新建商品住宅均价为每平方米4 747元，2013年达到每平方米23 616元，二手住宅成交均价达到每平方米29 122元，涨了近5倍和5倍以上，中心城区的楼盘有很多涨了10倍以上。

五是许多行业产能过剩严重。2012年年底，中国钢铁、水泥、电解铝、平板玻璃和船舶产能利用率分别仅为72%、73.7%、71.9%、73.1%和75%，明显低于国际通常水平。据中国企业家调查系统组织实施的“2013年中国企业经营者问卷跟踪调查”显示，中国企业设备利用率总体上为72%，其中制造业仅为70.8%，超过70%的企业家认为本行业存在产能过剩问题。有资料显示，目前中国风电设备、光伏和多晶硅产能利用率分别为67%、57%和35%。

六是对国际热钱进入和留下形成了较大依赖。中国社会之所以对美国退出量化宽松货币政策和加息政策很敏感，一个很重要的原因就是担心国际热钱大规模退出对中国的资金链产生较大的冲击。中国经济相当于一池子水，如果投入项目能获取正常回报，则池子中的水位正常。但由于部分项目投入到产能过剩行业甚至僵死企业中，不能获得正常回报，即存在漏水情况。这时要想维持水位，只能依赖于央行注水和热钱进入，而央行不能再像以前那样大水漫灌了，于是对国际热钱进入和留下就形成了较大依赖，而这恰恰存在风险。

（二）正视经济泡沫累积带来的风险

尽管中国经济泡沫没有国际上一些人渲染的那么可怕，且总体上处于中央政府可控范围内，但2013年6月的“钱荒”和温州、鄂尔多斯等地的金融风险警示我们，对区域性和系统性金融风险不能掉以轻心，因为一些风险还在累积之中。为了有效防范和应对风险，必须先认清系统性风险累积的逻辑或原因。

首先，在某种程度上人性贪婪是系统性风险累积的思想根源。增长过慢只会面临落后挨打的风险，只有增长过速才能导致本书意义的经济风险，特别是当经济增速超出潜在增长率时更易形成经济风险，而增长过速在一定程度上是因为人性贪婪造成的。中国近代以来落后挨打了，所以当具备发展条件后，举国上下争先恐后，过度追求赶超发展、跨越发展、超常规发展等，恨不得将先发国家走了几百年的工业化城镇化道路在三五十年内完成。GDP考核导向又使之火上浇油。近年来，为了应对国际经济危机，增信心、保增长、保就业、防风险等也进一步强化了快速发展的意识。

其次，缺乏制约制度是系统性风险累积的制度根源。只要将经济增长速度控制在合理范围内，系统性经济风险就难以形成。而经济增长速度会受制于多种制约因素，如价格制约、契约制约、责任制约和货币制约等。如果价格能随供求关系而波动、能反映资源能源的稀缺性，就不可能依靠过度消耗资源能源去追求高速增长；如果严格遵守契约到期还债，就不可能通过过度举债去追求高速增长；如果投资决策失误将严格追责，就不可能通过大规模低效投资去追求高速增长；如果货币发行受币值稳定的严格制约，就不可能依靠大规模印钞去追求高速增长。但问题是，多年来中国的价格制约、契约制约、责任制约和货币制约等没能有效发挥作用，所以系统性风险才逐步累积起来。

再次，缺乏风险释放机制是系统性风险累积的重要原因。在经济风险累积起来后，如果有好的风险释放机制，能及时将风险释放出去，系统性风险也不可能累积到不可收拾的地步。但风险释放机制的形成会因为下述因素而受阻：因不愿意承认风险，而不去考虑建立风险释放机制；过于迷信长效机制能逐步化解风险，而错过了及时释放风险的时机；害怕风险释放中的风险，而迟迟不去释放风险；因缺乏释放风险的经验，而无意耽误了释放风险。在此情况下，系统性风险可能悄然累积，直至累积到危险的地步。

认清了系统性风险累积的逻辑或原因后，我们就不难找到化解系统性风险的出路。一是要抑制贪婪，尊重经济发展规律，严格约束政府的 GDP 政绩意识，控制无效和低效投资，将经济增速控制在潜在经济增长率范围内。二是加快推进价格制度改革、财税和投融资制度改革、干部考核和责任追究制度改革、货币制度改革，硬化经济增长的价格制约、契约制约、责任制约和货币制约等。三是正视已存在的经济风险，加快建立风险释放机制，及时释放风险，以壮士断腕之勇气，在风险可控的情况下打破刚性兑付魔咒，淘汰落后产能企业和僵尸企业，以小失避免大失。

小结

【“三驾马车”并不是拉动经济增长的动力】“三驾马车”只是GDP的三个组成部分。真正能够持续拉动经济增长的因素，应该是健康和可持续的“三大发动机”，它们是制度变革、结构优化和要素升级。制度变革是指改革；结构优化是指工业化、城镇化和区域经济一体化等；要素升级就是指技术进步、增加人力资本和推进信息化等。

【凯恩斯经济分析框架（出口+投资+消费）的缺陷】①过分强调需求，相对忽视供给；②过分强调短期，相对忽视中长期；③过分强调总量，相对忽视个体；④过分强调政府，相对忽视市场；⑤过分强调经济因素，相对忽视非经济因素。其根本缺陷是假设政府总是代表全社会整体长远利益，殊不知政府也是经济人。

【凯恩斯理论被广泛误解误用】出口、投资和消费本是以支出法计算的GDP三大组成部分，结果被误解为拉动经济增长的动力（“三驾马车”）。凯恩斯财政货币宏观政策本是非常时期的非常举措，结果被当成了所有时期的常规政策。“三驾马车”本是需求侧的短期分析指标，结果被看成是分析长期经济增长的通用工具。

【正视投资效益的持续下降】近年来，与大规模投资拉动相伴随的是投资效益持续下降，由此导致了资源浪费、环境破坏、债务急增和泡沫累积等问题，且后遗症还将持续显现。其原因是多方面的，但主要是追求超过潜在增长率的高增长带来的。因此，今后要通过改革转型创新等，培育增长新动力，减少投资依赖。

【为什么要强调有效投资】投资可很快拉动经济增长，但增长有可持续增长和不可持续增长两种，无效或低效投资只能实现不可持续增长，只有有效投资才能实现可持续增长。有效投资靠什么？靠企业和市场，因为只有企业对市场、回报和风险最敏感、最在意。指望政府进行有效投资是不现实的，因为政府是垄断组织。

【投资拉动经济增长应受到的约束】投资拉动经济增长可立竿见影，很容易上瘾。所以必须受以下约束：一是货币发行约束——以不加重通胀为限；二是财政约束——赤字率和债务负担控制在安全范围内；三是资源环境约束——以不恶化资源稀缺性和环境污染为限；四是政府职能约束——政府投资应限定在公益性和外部性领域。

【提高资金利用效率是硬功夫】资金是经济血液，中国经济转入新常态的关键是提质增效，提质增效的核心是提高资金利用效率。提高资金效率比通过货币金融政策增加资金投入难得多，是硬功夫，需要采取系统行动。产权制度、价格制度、金融制度、技术进步、人员素质和法治水平等都影响它，所以必须推进全面改革。

【中等收入陷阱是供求两个陷阱】一个陷阱是需求不足陷阱，主要由贫富差距拉大和就业不够造成。另一个陷阱是供给不上陷阱，即产品、产业、技术和人才等不能及时升级，不能及时满足新发展阶段的需要，其原因是制度僵化停留在低收入水平阶段上转不过来。两大陷阱从供求两方面形成了较低水平的陷阱式平衡。

【提质增效是避免中等收入陷阱的必然途径】过去几十年中国经

济增长主要依靠大规模要素投入和凯恩斯政策带来，目前这种模式已到尽头，必须转到主要依靠提质增效拉动经济增长的轨道上来。但提质增效比要素投入难得多，必须依靠改革转型创新才能实现。如果近几年不能在提质增效上取得进展，则难免掉入陷阱。

【通过“提质增效升级”来实现经济发展】通过“提质增效升级”来实现经济发展的迫切性显而易见。人口老龄化提前到来、人口红利减少、资源环境压力加大、“三驾马车”动力减弱以及刺激政策效用递减等，都意味着过去那种依靠大规模要素投入的粗放发展模式已经很难在未来继续走下去，唯一的出路在于推进质量效益型增长。

【从供求两视角看中国经济为何面临持续下行压力】从需求视角看，高成本和高币值致出口低迷，高债务和低效率致投资增速下降，低收入和高差距致消费增长受阻。从供给视角看，人口红利开始消失，资源环境约束增加，转型要求淘汰旧的，贡献 GDP 大的重化工业峰值期已过，改革和创新产生效果有滞后期。

第四章

从供给侧寻找新动力

我多年以来一直在倡导，要从“供给侧”寻找经济发展的动力。供给侧动力可以以古典经济学、发展经济学和制度经济学等经济学中找到依据。例如亚当·斯密认为，发展取决于效率的提高，效率的提高取决于分工的深化，分工的深化取决于好的制度安排，这明显是从供给侧寻找动力。

因此，必须尽快实现经济增长动力的转向，即由原来主要依靠需求侧“三驾马车”——出口、投资、消费来拉动经济增长，转向主要依靠供给侧“三大发动机”——制度变革、结构优化和要素升级来拉动经济增长。“三大发动机”正好对应着新一届中央领导反复强调的改革、转型和创新。其中，制度变革是指改革，结构优化包括工业化、城镇化、区域经济一体化和国际化等，要素升级包括技术进步、人力资本提升、知识增长和信息化等。“三大发动机”是通过效率提高来实现经济增长，因而是健康、可持续的动力，是我们今后必须主要依靠的增长动力。

一、经济发展动力是一个体系

在进入新常态的过程中，中国经济面临两个基本任务：一是管控风险，二是培育经济新动力。后者较前者更决定了中长期经济发展的前景。要想培育经济发展新动力，前提是我们必须对经济发展有哪些动力要有清晰的认识。

经济发展动力是一个庞大体系，可以根据不同的标准进行分类。必须说明的是，本书探讨的动力是广义动力，包括各种影响经济发展的因素，严格来说应为动因，为通俗起见用动力来表示。

根据一般性和特殊性分类标准，我们可以将经济发展动力分为一般性动力和特殊性动力。一般性动力是不同体制或制度的国家或地区、不同发展阶段的国家或地区都适用的动力。特殊性动力是部分国家或地区根据自身的体制特点和发展战略要求所培育和选择的动力。

（一）一般性动力

一般性动力又可分为需求侧动力和供给侧动力。需求侧动力就是所谓的“三驾马车”——出口、投资和消费。供给侧动力又包括要素投入增加和全要素生产率提高两个方面。下面分别剖析一下“三驾马车”、要素投入增加和全要素生产率提高。

“三驾马车”作为经济发展动力具有以下几个特点：一是它们是以支出法核算的GDP的三大组成部分，即GDP=最终消费支出+资本形成总额+货物和服务净出口；二是属于需求侧的动力；三是短期动力；四是发挥动力作用依赖于政府的财税、金融、消费和出口政策等；五是经常有副作用和后遗症。

要素投入增加作为经济发展动力可以从生产函数关系中看出。产量的增加一方面取决于要素投入的增加，另一方面取决于生产率的提高。生产要素是指经济主体可运用的资源、手段和工具，包括资本（含外资）、劳动或劳动力、自然资源（或自然力，可延伸到环境）、土地（有时可归于自然资源，但它是一种特殊而重要且被人类改造过的自然资源）、技术、知识（与技术存在交叉但侧重点不同）和信息（与技术和知识有交叉，但也具有独立性）等。有时，可将基础设施视为一种广义的生产要素，也可将其归于资本中。以上生产要素投入增加都能带来产量和GDP的增加。中国过去30多年来的高速增长与土地、资源、劳动力和资金等生产要素的大规模投入有很大的关系。

全要素生产率提高作为经济发展动力也可以从生产函数关系中看出。生产函数中产量增加不能被生产要素投入增加解释的部分就是全要素生产率提高带来的。问题的关键是决定和影响全要素生产率的因素又是什么。我多年来将决定和影响全要素生产率的所有因素归纳为经济发展供给侧“三大发动机”——制度变革、结构优化和要素升级（对应着我提出的人本发展理论或“五人理论”中的制度引导人、分工安置人和资源装备人），以与需求侧“三驾马车”相对应。这“三大发动机”与新一届中央政府强调的推进全面改革、经济结构转型升级和创新驱动是吻合的，简单来说就是改革、转型和创新。

其中，制度变革是最重要、最根源的发动机。因为其他两大发动机——结构优化和要素升级都依赖于它，甚至“三驾马车”、要素投入增加等都依赖于它。制度包括规则、组织和实施机制三个基本方面：规则又包括文化（无形规则或制度）、法律、法规、标准和政策等；组织包括政党、人大或议会、政府、政协、事业单位、社会组织、企业、家庭和非正式组织等，根据新制度经济学，市场也是一种特殊组织；实施机制是将规则落到实处、规范各个组织责权利关系的激励和约束机制，如自我激励和约束机制、社会激励和约束机制、司法和执法机制、政策制定和实施机制、权利分配机制、权力制衡和监督机制、考核评价机制、责任追究机制、产权确认机制、价格形成机制、市场交易机制和市场监督机制等。上述各种制度表现形式又可组合出多种多样的制度形态，古今中外的各种社会形态和发展结果都是因不同制度组合带来的。现实中的制度很可能是不合理、不利于经济发展的，所以通过制度变革或制度改革或制度创新可以形成经济发展的动力。中国改革开放 30 多年来的高速发展就是制度改革带来经济发展的生动案例。同样，未来中国经济新增长点的形成也依赖于制度改革。

结构优化也是经济发展的重要“发动机”。结构优化包括产业结构优化、区域结构优化和财富分配结构优化等。产业结构优化又包括非农产业比重提高（即工业化）、服务业比重提高（即经济服务化）、高新技术产业和先进制造业比重提高和农业现代化等，也可以概括为产业转型升级，总的结果是高附加值产业比重提高，进而带来经济效率或生产率的提高。区域结构优化又包括城镇化（其实质是人口区域分布结构优化）、城乡一体化和区域经济一体化等，当人口和生产要素从较低生产率的农业和农村向较高生产率的工商业和城市转移后，国民经济效率随之提高。同时城乡一体化和区域经济一体化都会促进全国统一市场的建立，有利于资源的优化配置，进而提高国民经济效率。财富分配结构优化意味着收入和财富从倾斜于政府向倾斜于企业和民众转变、从主要集中于垄断行业向各个行业公平分配转型、从少数人暴富向绝大多数人共同富裕转变，这会调动更多人的积极性和创造性，会有利于消费与投资的平衡，从而带来经济效率的提高。不管是哪种结构优化，其实质都是分工协作的深化，根据斯密的理论，都可以极大地提高生产率。

要素升级同样是经济发展的重要“发动机”。要素升级是指技术进步、信息化和人力资本提升等。要素升级与要素投入增加有所不同，前者是指生产要素从低到高的提升或升级，即质的改变；后者是指生产要素投入数量的增加，即量的变化。技术进步、信息化和人力资本提升等要素升级，都是理论界已深入论证、现实中都不难感受到的提高生产率的重要途径。

（二）特殊性动力

特殊性动力是部分国家根据自身的体制或制度特点，为了实现赶超发展、超常规发展、跨越式发展等战略目标，主要利用一些特殊的制度、体制、机制和政策设计，而形成的经济发展动力，主要表现为经济增长动力（经济发展动力的一部分）。特殊性动力包括价格机制动力、财税政策动力、金融政策动力、土地制度动力和考核制度动力等。

价格机制动力是通过价格形成机制设计而形成的经济增长动力。在成熟市场经济国家，商品和生产要素价格都是由市场供求决定的，价格机制动力已内含在前述一般性动力中，不能成为独立的特殊性动力。但在转型国家特别是政府主导经济的国家，商品和要素价格，特别是一些重要生产要素价格是由政府决定的，政府可以出于一些特殊的理由人为地压低生产要素价格（如资源能源价格、土地征用价格、劳动力价格和资金价格等），从而达到将资源等要素过度利用、形成低成本竞争优势、实现当前经济高速增长的效果。

财税政策动力是通过财税政策设计向经济增长倾斜而形成的动力。财税政策是规范中央政府、地方政府、企业和民众之间权利关系的制度设计，合理的财税政策是“公共财政”，即“取之于民，用之于民”，财政支出的主要方向是公共服务，严格控制行政事业费支出，将经济建设支出交给市场。但在政府主导经济的国家可以通过降低公共服务支出比重、增加经济建设支出比重而实现近期的经济高速增长。

金融政策动力是通过金融政策设计向经济增长倾斜而形成的动力。金融政策有促进经济增长、维护社会公平等多重目标。比如货币政策的重点应是维护币值的稳定，因为货币是社会最重要的契约，但现实中政府可能为了促进经济高速增长而更多地发行货币。信贷政策本应主要规范金融机构与资金需求者之间的责权利关系，但政府可能为了促进经济高速增长而促使金融机构过度放贷等。2008 年国际金融危机爆发以来，一些国家的金融政策设计就可以很好地说明这一点。

土地制度动力是一种典型的中国特色经济增长动力。中国有城市国有和农村集体所有两种土地所有制，十八届三中全会召开前，两者的地位和权利是不平等的，即同地不同权、不同价。一些城市政府和开发区可以在只给农民很低补偿的情况下，将农村集体土地低价拿来；经过一定的土地整理后，再以数倍甚至数十倍的高价转让出去，形成“土地财政”；再通过土地财政、招商引资等手段滚动进行大规模城市建设和经济发展，由此形成经济增长的特色动力。

考核制度动力是通过考核评价向经济增长倾斜而形成的动力。国家或地区的发展涉及经济、政治、文化、社会和生态“五位一体”，考核评价也应全面考核这五个方面。但在“以 GDP 论英雄”的考核评价制度下，地方政府就会将主要精力放在促进本地的GDP、财政收入和工业增加值等指标的增长上。张五常所说的“地方竞争”带来的经济增长其实是由考核制度带来的。

上述动力体系的不同组合，可以解释不同国家或地区的经济发展效果，也可以解释同一国家或地区不同阶段的发展差异，还可以解释为何改革开放以来出现了经济增长的“中国奇迹”。

二、供给侧“三大发动机”才是促进经济发展的根本动力

（一）用“三大发动机”取代“三驾马车”

长期以来，很多人根据宏观经济学特别是凯恩斯理论的基本原理，将出口、投资和消费“三驾马车”作为经济发展的根本动力，反复在增加出口和扩大内需上做文章。其实，“三驾马车”只是GDP的三大组成部分，只是应对宏观经济波动的需求侧短期动力，只是经济增长的结果而非原因，制度变革、结构优化和要素升级“三大发动机”才是经济发展的根本动力。

“三大发动机”是近年来我根据自己提出的人本发展理论（或“五人理论”，即满足人、依靠人、制度引导人、资源装备人和分工安置人），对经济发展动力的新概括。制度变革、结构优化和要素升级“三大发动机”与新一届中央领导强调的释放改革红利、推进结构调整和强化创新驱动（简言之，改革、转型和创新）是基本吻合的。

制度变革即制度改革，这里的制度包括法律法规、标准规则、政府等组织、市场机制、宏观政策等有形制度、文化制度等无形制

度及其各种制度的实施机制。结构优化包括产业结构优化（新型工业化、产业转型升级等）、区域结构优化（新型城镇化、区域经济一体化等）、消费结构优化（消费结构升级）、国际化等。要素升级包括技术进步、知识增长、人力资本提升和信息化等。要素升级与要素投入有区别，劳动力、资金、技术等要素投入只是要素投入量的增加，要素升级则是技术、人力资本等要素的质的提升。

（二）“三大发动机”是经济发展的根本动力

首先，制度变革是经济发展的源动力。经济发展依赖于企业、创业者、劳动力和地方政府等各个主体积极性和创造性的发挥，各个主体积极性和创造性的发挥依赖于好的制度设计，好的制度表现为权责清晰、责权利对称、实施机制明确、各方共识度高的制度。长期来看，制度是各方反复博弈的结果，好的制度不会自动形成，需要通过社会主导群体良性博弈形成，特别是通过发挥执政者的长期理性和民众的首创精神形成。

制度变革或制度改革可以通过四个方面释放红利或促进经济发展：一是通过调动各个主体的积极性和创造性释放红利；二是通过优化资源配置、提高国民经济的运行效率释放红利；三是通过促进要素升级如技术进步释放红利；四是通过改善或提升投资者和消费者的预期释放红利。

其次，结构优化是经济发展的过程性动力。所谓过程性动力，相当于经济发展的“随行加油器”，在经济发展的过程中不断赋予发展动力。结构优化的实质是分工深化，分工深化是提高经济效益的重要源泉。对此，亚当·斯密已有充分论证，简单来说就是发展取决于效率的提高，效率的提高取决于分工的深化，分工的深化取决于好的制度安排。在斯密看来，好的制度安排就是“看不见的手”，在我们现在看来，好的制度是“看不见的手”（市场）和“看得见的手”（政府）两只手的有效配合，即一方面要发挥市场在资源配置中的决定性作用，另一方面要更好地发挥政府的作用。

结构优化如何带来经济发展呢?我们来看看工业化、城镇化和区域经济一体化等结构优化的表现。从分工角度看，工业化和产业转型升级就是劳动力等生产要素不断从较低效率农业部门向较高效率工业部门转移、从较低效率工业部门向较高效率工业部门转移的过程，其结果是国民经济效率的提高；城镇化就是人口和生产要素不断从较低效率农村向较高效率城镇转移、从较低效率城镇向较高效率城镇转移的过程，其结果也是经济运行效率的提高；区域经济一体化就是区域内不同地区分工协作的深化，进而共同提高效率、实现共同发展。

最后，要素升级是经济发展的基本动力。劳动力、资金、技术和资源等生产要素是经济发展的基本手段。在经济发展过程中，生产要素从两个层面起作用：一个层面是增加生产要素投入带来经济发展，如大规模增加劳动力和资金投入带来经济发展；另一个层面是要素升级（或提高生产要素的质量或档次）带来经济发展。要素升级比较典型的表现是前面已提到的技术进步、提升人力资本和信息化等。技术进步和信息化一方面可以最大限度地降低各种成本，另一方面可以显著提高附加值，促进经济发展。

我们只要想想互联网技术是如何极大地降低信息成本和交易成

本等、如何显著地增加各种产品和服务的附加值，就可以感受到技术进步和信息化的威力。人力资本既包括一般劳动力的人力资本，也包括企业家才能。人力资本的提升主要体现在劳动力和企业家综合能力的提高上，能力的提高无疑会带来生产率的提高，促进经济发展。

（三）制度变革是根源性发动机

上面分别对“三大发动机”为何是经济发展根本动力进行了简要分析，这还不够，还需要从整体上进行分析。从最简化的生产函数关系式 $Q = f$（L、K）中，我们也能看到“三大发动机”在经济发展中的作用。生产函数关系式左边是产量 Q 或 GDP，相当于衡量经济发展的核心指标，右边是劳动和资本等生产要素投入。从表面看，在这个关系式中找不到“三驾马车”的影子，但仔细一想就会发现，产量中不能被劳动和资本投入解释的部分就是全要素生产率，隐含在 f 中，而提高全要素生产率的基本途径就是“三大发动机”。而且要素投入也受“三大发动机”的制约，如资本既是经济发展的原因也是经济发展的结果，作为结果必受制度变革、技术进步等的影响。

这里必须特别强调的是，“三大发动机”并非完全并行的，其中制度变革是根源性发动机，因为结构优化和要素升级两大发动机都要受其制约和影响。比如没有好的知识产权保护制度和市场准入制度等，技术进步和信息化就难以取得进展。因此，发动“三大发动机”的关键是抓住制度变革这个“牛鼻子”，纲举则目张。

目前，中国经济正处于向新常态过渡的关键时期，寻找经济发展的新动力是向新常态过渡的关键，如何找准新动力又是寻找新动力的关键。找准新动力不能想当然地拍脑袋，或仅根据经验进行判断，还要将找新动力建立在坚实的理论分析基础上。

鉴于此，当前和今后我们要优先推进经济发展动力结构的转型，从主要依靠“三驾马车”转向主要依靠“三大发动机”，特别是要按照十八届三中、四中、五中全会部署，紧紧抓住全面改革这个“牛鼻子”，推进经济全面转型，强化创新驱动，努力使中国经济较快地进入到一个好的新常态中。

（四）从两个层面实现增长动力转型

中国经济经过30多年高速增长之后，传统的发展动力已不可持续。寻找中国经济增长新动力是当前非常紧迫的任务，而动力转型是新动力的重要来源。中国经济增长动力转型需要从两个层面进行。

第一个层面，由主要依靠“需求侧力量”拉动经济增长，向主要依靠“供给侧力量”拉动经济增长转型。

很多人在讨论经济增长时，动辄以需求侧的“三驾马车”——出口、投资和消费来进行分析，其实出口、投资和消费只是GDP总量的三大组成部分，更多的是经济增长的结果而不是经济增长的主要动力。供给侧力量才是经济增长的主要动力。供给侧力量可概括为“三大发动机”，即制度变革、要素升级（技术进步、人力资本增加等）和结构优化（工业化、城镇化、区域经济一体化等）。

按照斯密的理论，供给侧力量可以综合为生产率的提高。从微观角度看，企业是主要的供给侧力量，要想实现持续、健康的经济增长，就必须充分发挥企业的作用。

第二个层面，实现需求结构内部的转型，即需求侧的结构转型。

需求结构内部的转型包括三个方面：由主要依靠外需拉动经济增长，向主要依靠内需拉动经济增长转型；由主要依靠投资拉动经济增长，向主要依靠消费拉动经济增长转型；由主要依靠政府投资拉动经济增长，向主要依靠社会投资或民间投资拉动经济增长转型。

（五）转型要依靠“三大发动机”

中国经济转型已刻不容缓，但经济转型的动力何在？光靠“三驾马车”是不够的，且副作用和后遗症很大。因此，我们应主要从供给侧生产率的提升来寻找未来经济可持续增长的动力。而生产率的提升要靠供给侧的“三大发动机”——制度变革、结构优化和创新驱动。其中，制度变革是“牛鼻子”，因为结构优化和要素升级都依赖于制度变革，制度变革可以促进结构优化和要素升级。

对地方政府来说，应充分发挥“三大发动机”的引擎作用。一要加快推进制度变革，特别是加快推进政府简政放权、放管结合、优化服务，充分调动市场参与者的积极性；二要推进结构优化，特别是推进产业结构、城乡结构和区域结构等的优化；三要推进要素升级，即通过实施创新驱动发展战略，推进技术进步、提升人力资本和加快信息化进程等。

三、制度变革释放改革红利

（一）改革是最重要的动力

中国经济正在向新常态过渡，能否平稳走向新常态的关键是找到经济发展的新动力，通过新动力找到新增长点。新动力很多，其中最根源、最重要的动力是改革。

促进经济发展有四组基本动力，即需求侧动力（投资、消费、出口）、要素投入动力（劳动力、资本等）、全要素生产率提高动力（制度变革、结构优化、要素升级）和中国特色动力（以增长为导向的价格制度、财税制度、金融制度、土地制度和政府管理制度等）。其中的制度变革就是改革，它是提高全要素生产率的主要途径，结构优化和要素升级也依赖于制度变革或改革。

改革促进经济发展的另一种流行说法是“释放红利”。2012 年 11 月 21 日，李克强总理提出，改革开放是我国发展的最大“红利”，自此“改革红利”成为热词。红利本是上市公司在完成弥补以前亏损、提取公积金和公益金、支付股息后按持股比例向股东分配的剩余利润，但现在“红利”一词被推广了，有人口红利、改革红利、开放红利和资源红利等多种说法。“改革红利”可理解为通过制度变革带来的全民效用的增加。

改革释放红利已在中国改革开放以来的实践中得到验证。1979

~2012年，中国GDP年均增长9.8%，远高于世界同期年均2%的增速，经济增速和持续时间也超过了经济起飞期的日本和“四小龙”，其原因何在？尽管我们可以找到很多原因，但改革无疑是其中最重要的原因，否则就无法解释为何改革开放前后经济增长速度有那么大的差异，也无法解释为何中国取得了较其他改革较少国家或改革失败国家更大的经济发展效果。

（二）改革释放红利的机制

改革为什么能释放红利？对此我们可以做如下分析。

鉴于目前社会对改革也存在争议，本书的改革是指“好的改革”，即能带来“正面效用”（含效率和公平等）的改革，那种假改革之名推行的不利于改进效率和公平的“伪改革”不在讨论范围之列。回到红利的原始本义，改革释放红利的核心含义应是改革带来全民（或绝大多数人）效用的增加。之所以用效用而非效益一词，是因为效用包括经济效益和非经济效益，更能反映改革目的的全面性，有的改革不能带来经济效益但能带来非经济效益，如公平效用和环境效益等。

从基本的理论逻辑来看，改革之所以能释放红利，有以下两方面的原因。

一方面，改革可以降低多种成本。在总效用不变的情况下，降低成本就是直接提高效用的途径。制度改革最重要的功能是降低交易成本。广义的交易成本是指除生产成本之外的所有成本（含运输成本、营销成本、信息成本、组织运行成本和学习成本等），而不限于市场摩擦成本。科斯以前的经济学只看到了生产成本，科斯提出交易成本概念后，打开了科学研究制度的窗口。为什么改革开放前的计划经济体制效率较低，是因为其交易成本很高。改革开放以来逐步形成的社会主义市场经济体制，之所以取得了连续30多年10%左右的高速经济增长，是因为它大大降低了交易成本。十八届三中全会提出要推进全面改革，进一步释放改革红利。比如目前正在大力推进的行政管理制度改革、审批制度改革、工商登记制度改革等，就可以大大降低企业的交易成本，激发市场的活力，释放巨大的改革红利。

另一方面，改革可以创造新的效用。改革可以通过革除旧的制度、建立新的制度，通过合理、公平配置各个主体之间的责、权、利关系，保障产权、自由选择权、平等交易权和公平分配权等，激发各个主体的积极性和创造性，提高生产要素效率和资源配置效率，创造新的生产和消费空间，带来新的效用。提高效用或效益的根本途径是提高效率，而提高效率的途径有两种：一种是提高生产要素效率，如提高劳动生产率、资金运用效率、土地生产率、资源利用效率等；另一种是提高资源配置效率，即将有限的资源配置到较高效的地区、产业、企业、项目和劳动者上，工业化、产业转型升级、城镇化和区域经济一体化等就是优化配置资源的途径和过程。生产函数中的“全要素生产率”应包括上述两种效率，而不仅仅是所有生产要素的效率。通过制度改革建立现代法治市场经济体制、建设全国统一市场，一方面可以提高生产要素效率，另一方面可以提高资源配置效率，由此释放出巨大的改革红利。

（三）改革通过多种途径释放红利

具体来说，改革释放红利的基本途径有：第一，改革可以通过保障所有权和产权等，提高各个主体的积极性和创造性，特别是激发企业家的精神和创业者的活力，进而提高劳动生产率和企业活力，释放红利。第二，改革可以通过形成合理而稳定的制度环境，改善消费者和投资者对未来的预期，提升信心，释放红利。第三，改革可以通过保护知识产权，促进技术进步，开辟新的生产领域，释放红利。第四，改革可以通过保障公平分配权，创造新的需求空间，释放红利，如推进收入分配改革、福利保障制度改革等，就可以扩大市场需求。第五，改革可以通过建设公平竞争的全国统一市场，促进人口和生产要素在不同地区和行业之间合理流动、优化配置，推进工业化、城镇化和区域经济一体化，提高资源配置效率，释放红利。第六，改革可以通过建立及时反映供求关系、资源稀缺性的价格形成机制，形成引导资源优化配置的准确信号，减少因信息不对称、不完全而带来的效率损失，释放红利。第七，改革可以通过建立公平竞争的企业体系，促进各类企业主要通过自身竞争力而非垄断特权来获取效益，减少资源的错误配置，释放红利。第八，改革可以通过理顺政府与市场的关系，解决政府的“缺位”、“错位”和“越位”问题，减少寻租空间，改善政府服务，释放红利。

总之，改革可以通过优化各主体之间的责、权、利配置关系，激发活力，形成动力，提高生产要素效率和资源配置效率，释放出各种红利。

经过30多年的改革，我们已经深切体会到改革的威力、意义和重要性。目前，中国改革已进入“深水区”，现在需要有更大的勇气、魄力和智慧“啃硬骨头”了，需要对过去的改革进行认真的总结和梳理，需要对未来改革的环境进行深入分析，需要对改革释放新红利的路径进行准确把握。只有这样，我们才能在未来的改革道路上走得更好，释放出较过去30多年更大的改革红利。

四、结构优化可以释放出巨大的生产力

（一）“结构优化生产力”是经济增长动力的重要组成部分

为什么要推进新型工业化、新型城镇化、区域经济一体化（如“一带一路”、京津冀协同发展、长江经济带等）、产业转型升级？因为其中蕴含着巨大的“结构优化生产力”。

为什么中国等新兴国家的经济增长速度较成熟发达国家的经济增长速度要高很多？因为中国等新兴国家较发达国家拥有更大的“结构优化生产力”潜力。具体表现是：中国等新兴国家的工业化、城镇化和区域经济一体化等都还处于快速发展阶段，还可释放出巨大的“结构优化生产力”，而发达国家大多已基本完成了工业化、城镇化和区域经济一体化进程，没有多少“结构优化生产力”可释放了。

何谓“结构优化生产力”？简单来说，就是在工业化、城镇化、

区域经济一体化和产业转型升级等经济结构优化中，将人口和生产要素从较低效率的地区、行业和岗位转移到较高效率的地区、行业和岗位，因而带来生产力。“结构优化生产力”是一种“过程性动力”，它上联制度变革和技术进步，下联经济效益。也就是说，制度变革和技术进步等“根源性动力”带动工业化、城镇化、区域经济一体化等“过程性动力”，提高经济效益，促进经济增长。

“结构优化生产力”是经济增长动力的重要组成部分。促进经济增长有投资、消费和出口三大需求侧动力，劳动力、资本等要素投入动力，制度变革、结构优化、要素升级等全要素生产率提高动力，以增长为导向的价格制度、财税制度、金融制度、土地制度和政府管理制度等特色动力，共四大类基本动力。其中，“结构优化生产力”属于第三类“全要素生产率提高动力”中的一种。

（二）结构优化释放生产力的机制

首先，来看工业化。工业化本是非农产业特别是工业（含产业化农业）在国民经济中比重不断上升的过程。工业化的动力来自工业劳动生产率高于传统农业劳动生产率，进而工业劳动收入高于传统农业劳动收入。

工业劳动生产率之所以高于传统农业生产率，是因为工业的分工协作更发达。根据斯密理论，分工协作深化是提高效率的源泉。所以，我们看到的是，现代化过程总是伴随着工业化过程，发达国家基本上是工业化国家，即使是荷兰、新西兰等“农业国”也是对农业进行了工业化改造。

改革开放以来，中国经济之所以高速发展，其中一个很重要的原因就是制度变革启动了内生工业化过程（与20世纪50年代的赶超型工业化有所不同），特别是2000年以来的重化工业高速发展更是使中国经济的分工协作达到了新的水平，带来经济的高速增长。

其次，来看城镇化。从人本角度理解，城镇化的本意是城镇人口在总人口中比重不断上升的过程，也就是农村人口不断向城镇迁移的过程。农村有土地、有资源、有农业、有好的生态环境，那为何农村人口还要不断向城镇迁移？主要是因为农村多是靠天吃饭，自然经济比重高，商品经济相对不发达，分工协作水平低，劳动生产率水平较低，就业机会较少，因而收入水平较低。同时，农村的交通、通信等基础设施相对较差，生产、生活条件较差。

在中国，由于存在城乡二元制度，农村居民的福利保障等权利和社会地位不如城镇，因而强化了农村人口向城镇迁移的意志。同样一个人，在农村传统农业中劳动，因分工协作不发达等原因只能获得5 000元左右的年收入，一旦转移到城镇后，则因进入到更发达的分工协作体系中，年收入则很快提升到20 000元以上，增加了好几倍。千百万农民向城镇的转移则意味着整个国民经济效率和国民收入水平的大幅提高。这就是人口城镇化带来的显著生产力。

再次，来看区域经济一体化。区域经济一体化是指区域内部不同城市或地区之间分工协作水平的提升。各地区之所以追求区域经济一体化，是因为它能为各个城市或地区带来共赢发展的效果。

区域经济一体化可表现为区域组织的一体化、政策的一体化、规划定位的一体化、基础设施建设的一体化、产业发展的一体化、市场建设的一体化、人口布局的一体化、生态保护的一体化、公共服务的一体化和品牌的一体化等方面，或者其中的某几个方面。

不管是哪个方面的一体化，都有利于各个城市或地区错位发展，避免恶性竞争和高度同构，减少重复建设，有利于发挥各自比较优势，形成分工协作效应，实现共赢发展。反过来说，如果各地不能实现一体化发展，不能建立全国或区域统一市场，必定会导致恶性竞争，导致资源错误配置和资源浪费等，降低甚至破坏生产力。

最后，来看产业转型升级。产业转型升级的核心含义是产业不断向高附加值产业转换或上档次。产业转型升级的基本途径有产业高级化、产业高端化、产业特色化、产业集群化、产业品牌化、产业绿色化、产业融合化、产业信息化和产业国际化等。

产业转型升级的原因有二：一是消费结构转型升级了，产业也必须随之转型升级；二是“高成本时代”悄然到来了，不转型升级就不能消化这些高成本了。产业转型升级的实质是减少低效率、低效益、低循环、高消耗、高污染和高排放产业的比重，增加高效率、高效益、高循环、低消耗、低污染和低排放产业的比重，这会提高整个产业的市场竞争力，带来产业总体效率和效益的提高，促进经济增长。

（三）中国还有巨大的“结构优化生产力”

中国的“结构优化生产力”有巨大的潜力。原因有两个方面：一方面，它由中国发展阶段所决定，目前中国仍然属于发展中国家，仍然处于工业化、城镇化快速推进阶段，还有释放“结构优化生产力”的巨大潜力空间；另一方面，中国现有的制度和发展模式还不完善，只要我们坚持和加快推进全面改革，就可以释放出巨大的“结构优化生产力”。

中国“结构优化生产力”潜力巨大的具体表现有以下几点。

第一，全国东部地区和部分中部地区工业化仍处于中后期阶段，部分中部地区和西部地区仍处于工业化中期阶段，西部部分地区尚处于工业化前期阶段，大部分地区走入后工业化时期至少还有一二十年的时间，在此过程中还可以释放出巨大的工业化“结构优化生产力”。由于全国发展不平衡，即便是部分地区已完成工业化，也还有部分地区尚处于工业化过程中，由此形成工业化的“滚动效应”。

第二，中国的城镇化仍处于加速阶段中。2015 年，中国的城镇化率为 56.1%。根据国际经验，当一个国家或地区的城镇化率达到 30% ~70% 时属于城镇化加速阶段，显然中国城镇化正处于加速阶段中。按照目前每年提升 1 个百分点城镇化水平的速度，到城镇化加速阶段 70% 的终点，还有 15 年左右。在此过程中，还可以释放出巨大的城镇化“结构优化生产力”。

第三，中国的区域经济一体化正在如火如荼地推进之中。尽管过去已出现许多区域经济一体化地区的雏形，如长三角、珠三角和京津冀等，但大都还在形成中，远未成型。本届中央政府成立后，高度重视大区域经济一体化，已提出了“一带一路”、京津冀协同发展和长江经济带等大战略，带动了新一轮区域经济一体化发展热潮。这也会产生巨大的区域经济一体化“结构优化生产力”。同时，各地都在推进的产业转型升级也同样会带来巨大的“结构优化生产力”。

最后，必须强调的是，释放“结构优化生产力”必须正确处理好政府与市场的关系。结构优化大多是一个自然的历史过程，主要通过发挥市场的资源配置作用来推动，而要避免出现政府过度干预、拔苗助长、欲速而不达的情况。但同时，也要更好地发挥好政府在规划和政策引导等方面的作用，以使经济结构优化更快更好地向前推进。

五、要素升级是经济发展的重要动力

（一）要素升级不同于要素投入

众所周知，技术、劳动力、土地和资金等生产要素是经济发展的基本手段，但人们在讨论生产要素时大多只注意到生产要素投入“量的增加”，而忽视了生产要素“质的提升”。其实，经济发展是生产要素投入量的增加和质的提升共同作用的结果，而且后者更为重要。目前，中国已进入“中等收入陷阱”敏感期，能否顺利跨过去，在很大程度上取决于要素升级的状况。

2015 年 3 月 23 日，中共中央、国务院印发了《关于深化体制机制改革，加快实施创新驱动发展战略的若干意见》（以下简称《意见》），将创新驱动上升为国家重大战略，并重点从体制机制改革方面明确了实施创新驱动发展战略的对策。

随着国际竞争的加剧、人口红利的减少、资源环境约束的加大、基础设施建设的逐步饱和、投资边际效益的下降、资源能源密集型重化工业发展高峰期的结束等，规模速度型的粗放发展模式已走到了尽头，必须走向质量效益型的集约发展模式。形成质量效益型新模式的关键是提高全要素生产率，而提高全要素生产率依赖于新动力——经济增长供给侧“三大发动机”（制度变革、结构优化和要素升级，或者说改革、转型和创新）的形成。

要素升级作为促进经济增长的三大发动机之一，与土地、资源、资金和劳动力等要素投入量的增加有所不同，主要表现为生产要素的“质的提升”。要素升级的具体表现形式有：一是技术进步，如现有技术的改进和新技术的突破；二是人的素质的提高，包括人的知识水平、劳动技能和其他各种素质的提高；三是土壤品质的改良和土地肥力的上升；四是资金运用效率的提高，包括资金流通速度加快等带来的资金运用效率的提高；五是基础设施（广义生产要素）的升级，如高铁对传统铁路的改造，大幅度提高了铁路的运能；六是各种要素的信息化改造，信息化改造一方面可以大幅降低生产要素的信息成本，另一方面可以大幅提高生产要素的效能。

（二）要素升级既重要又紧迫

在经济增长供给侧“三大发动机”内部，要素升级既是结构优化的重要条件，也对制度变革提供了支撑。

一方面，要素升级的重要性和紧迫性体现在它是创新驱动的重要途径。创新驱动有多种表现形式，包括技术创新、人力创新、模式创新、组织创新和管理创新或服务创新等。而要素升级的具体表现形式有技术进步、人的素质提升、资金效率的提高、基础设施的升级以及各种要素的信息化改造等。

可见，创新驱动与要素升级在具体表现形式上有很多结合。技术创新主要是寻求技术进步，人力创新主要是实现人的素质的提升，模式创新主要表现为各种生产要素组合方式的创新，组织创新对技术进步特别是信息化有很大的依赖，管理或服务创新则离不开人的素质的提升等。总之，要想实现创新驱动，必须推进要素升级。

另一方面，要素升级的重要性和紧迫性体现在它决定着我国能否顺利跨过“中等收入陷阱”。“中等收入陷阱”其实与中等收入没有直接关系，而与要素升级有密切关系。当一国或地区的产业结构，开始由低端制造业、传统服务业和传统农业转向高端制造业、现代服务业和现代农业后，必须要通过要素升级，由主要依靠土地、资源、劳动力等普通要素转向主要依靠迈克尔·波特所说的“高级要素”——技术、知识、人才和信息等后，即资源配置实现由“吃资源”向“吃知识”的跃升后，才有可能跨过“中等收入陷阱”，否则就有可能像拉美、亚洲许多国家那样陷入其中，只能长期呈现低迷增长的局面。而转向技术、知识、人才和信息等“高级要素”就必须依靠技术进步、人的素质提升、资金效率的提高、基础设施的升级以及各种要素的信息化改造等要素升级。

（三）要素升级面临的障碍

目前，中国推进要素升级还存在以下三个方面的障碍。

一是制度障碍。比如，产权制度、教育制度、土地制度和金融制度等不合理，都会阻碍要素升级。股权分红制度和知识产权制度对技术进步影响重大，但目前中国针对技术创新的股权分红制度和知识产权制度还不完善，致使很多科技创新人员缺乏内在的、持久的动力，有些人获得几个科研成果后就停滞下来了。目前的教育制度始终未摆脱应试教育的窠臼，培养了令世界瞩目的很多高分学生，但真正有创新意识和创新才能的人不多。产权不甚清晰的土地制度激励了土地财政、大规模城镇化建设和房地产开发，但没有激励对土地的保护和轮休。

二是思想障碍。人的素质提升直接针对人，技术进步严重依赖于人，土地、资金、信息和基础设施等要素都需要人来应用，所有要素都受人的思想观念的影响。要素升级意味着要素从旧的状态向新的状态的转变和提升，对人的旧观念是一种冲击，因此作为新生事物刚开始必会遇到旧思想观念的阻碍。尤其是要素升级总是存在一定的投入和风险，因而更会遇到一些思想较守旧人的刁难。因此，我们就不难发现，每当一项新技术、新方法、新材料、新人才、新渠道等出现后，总会有人议论纷纷甚至冷嘲热讽和打压。

三是既得利益障碍。现有世界是由传统要素组成的，已形成了一种较低水平的均衡状态，同时形成了一种相对稳定的既得利益格局。随着要素升级和新的高级要素的出现，会打击或取代传统要素，会打破既得利益格局，会损害既得利益者的利益，无疑会遇到既得利益集团的阻碍。比如新能源技术的出现，就对传统化石能源形成了冲击，会遇到相关利益集团的无形阻碍；一个单位如果引来若干高级人才，就会对现有人才的权益格局带来冲击，会遇到无形的阻碍。

（四）推进要素升级要采取综合对策

推进要素升级，需要针对上述障碍采取综合对策。第一，制定促进要素升级的相关法律、法规和标准，使要素升级有法可依、有规可循。第二，建立有利于要素升级的体制机制，特别是科教人才管理体制、金融体制和信息化推进机制等。第三，制定促进要素升级的财税、金融等政策，为要素升级提供有力的政策支持。第四，培育适应要素升级的企业、社会组织和居民等主体，形成要素升级的磅礴力量。第五，建立推进要素升级的交易所等各种平台，使各种要素在升级中优化配置、在优化配置中升级。第六，塑造有利于要素升级的文化，形成要素升级的持久内在动力。

在加快实施创新驱动发展战略，推进大众创业、万众创新的新形势下，要尽可能将要素升级与创新驱动、大众创业、万众创新有机结合起来，形成建设创新型国家的强大合力。

六、通过创新驱动寻找新动力

（一）创新驱动刻不容缓

中国经济当前面临两个紧迫任务：一是控制和降低风险，二是培育新增长点。前者主要靠改革和政策设计，后者主要靠创新。因此，2014 年 8 月 18 日，中共中央总书记习近平主持召开了中央财经领导小组第七次会议，专门研究如何实施创新驱动发展战略，并强调指出“主导国家发展命运的决定性因素是社会生产力发展和劳动生产率提高，只有不断推进科技创新，不断解放和发展社会生产力，不断提高劳动生产率，才能实现经济社会持续健康发展”。

创新驱动的紧迫性是显而易见的。从国际形势来看，新一轮科技革命正在孕育兴起，以信息技术、新能源技术、智能制造技术为代表的新技术正在取得重大进展，并对相关产业带来重大机遇和挑战。对于我国来说，如果抓住此轮科技革命的机遇，则会推动我国经济步入新常态，反之则有可能在新一轮国际经济竞争中处于不利地位。从国内形势来看，我国原来主要依靠要素成本优势驱动、大量投入资源和消耗环境的经济发展方式已经难以为继，而且有许多后遗症需要处理，唯有实施创新驱动发展战略，推动以科技创新为核心的全面创新，增强科技进步对经济增长的贡献度，形成新的增长动力源泉，才是出路。

创新驱动可分为广义的创新驱动和狭义的创新驱动，广义的创新驱动包括制度创新、科技创新、产业创新和模式创新等，狭义的创新驱动主要是指科技创新。本书主要讨论狭义的创新驱动。当然，几种创新是相互关联的，科技创新依赖于制度创新，科技创新的结果可表现为创业创新和模式创新。

（二）创新驱动存在的主要问题及其根源

客观来说，多年来中国在科技创新上付出了巨大的努力，并取得了明显成效。一是科技投入持续增加，如 2002 ~ 2012 年全国研发投入增长5.7倍，2013年研发投入同比增长15.6%，占GDP比重由2002年的1.07%上升到2013年的2.09%，居发展中国家首位，超过了部分高收入国家水平，2013年企业研发投入占全社会的比重也达到76%。二是科技人力资源不断增加，研发人员总量居世界前列。2002～2011年，全时研发人员当量数从103.51万人年增加到288.3万人年，增长1.8倍；2002～2012年，企业执行的研发投入占全社会的比例从61%增加到74%，高于美、英、法等国，略低于韩国和日本；据人力资本测度结果，1990年以来中国潜在人力资本保持了1.55%～2.38%的年均增长速度，总体上高于就业总量0.40%～2.45%的增长速度。三是高新技术园区成为科技创新的重要基地。截至2011年年底，88个国家级高新技术园区共有工商注册企业38万户，新产品比重为32.6%，高技术产品产值占园区销售额的92%，研发投入占销售收入的2.1%，占全国企业研发投入的34.7%。四是在一系列关键领域取得了重大突破，比如航天登月、超级计算机、智能机器人、高铁核电和超级杂交稻等领域都取得了重大进展。

然而，中国的创新驱动仍然问题很多，远不能适应新形势的需要。首先，知识资本投入仍然不足。仅以研发投入来衡量科技创新投入是不全面的，因为研发投入仅占知识资本投资的10%～25%。近几年中国高新技术产业总产值占GDP的比重一直在18%～20%徘徊，而高新技术产业研发费用增速则一直在20%附近的历史低位上下波动。其次，企业的创新活动还不普遍。2011年大中型工业企业中具有研发活动的企业不到30%，平均研发强度仅为0.93%；规模以上工业企业中具有研发活动的企业仅占12%，平均研发强度只有

0.71%。因此，大部分企业仍处于技术跟踪和模仿制造，以及低端加工制造和低价竞争阶段。再次，高新技术产品进口比重下降。2007~2010年，劳动密集型制造业产品进口比重上升4.7个百分点，而技术密集型制造业产品进口比重下降了3.6个百分点，特别是通信设备计算机以及其他电子设备、仪器仪表及文化办公用机械制造等技术密集型制造业进口比重下降尤为显著。同时，2004~2009年，我国高技术制造业的平均产值增加值率不到美国的50%、德国的60%，约为日本的63%和韩国的86%；而低技术制造业的平均产值增加值率大约是美国的84%、德国的97%、日本的76%和韩国的127%。最后，人力资本增加开始遇到瓶颈。随着总人口增长减缓和老龄化程度提高，2012年中国劳动年龄人口达到顶峰开始出现绝对值减少，人口红利对于经济增长的促进作用正在迅速减弱。据预测，2025年以后人力资本将开始减少。

创新驱动之所以存在上述问题，是因为以下原因。

原因之一：政府主导经济的体制不利于创新。创新的真正主体是企业，因为企业必须在不断创新中求生存和发展。政府是垄断性组织，其主要职责是提供公共服务和维护稳定，本性不在创新，政府可以为创新创造条件，但不是好的创新主体。但是，中国政府的职能至今未真正转型，各级政府的主要职责仍然放在促进GDP、财政收入和工业增加值等指标的增长上，许多地方的经济发展，特别是招商引资、项目建设和基础设施建设等，高度依赖于政府。而政府可以通过大规模投资（倒闭央行印钞票）、发债、造城运动等来实现增长，而不必费神通过科技创新来实现增长，这就形成了对科技创新的替代和抑制。

原因之二：经济泡沫化不利于创新。科技创新与经济泡沫之间有替代关系。如果经济可以通过印钞、释放流动性、高房价、发展影子银行、制造产能过剩等来实现泡沫式增长，必然会缺乏科技创新的压力和动力，因为短期看通过经济泡沫实现增长成本低、效益高、风险小，而通过科技创新实现增长成本高、效益低、风险大。令人遗憾的是，近年来中国经济泡沫化比较严重，企业、投资者、金融机构和地方政府等都比较浮躁，热衷于短期投资和投机，对科技创新则不甚感兴趣。

原因之三：知识产权保护不力不利于创新。知识产权对于创新的意义自不待言。创新者积极性和创造性的发挥源自社会对其创新劳动的承认，对其创新成果的保护。知识产权保护是一个老话题，但一直难以得到有效解决，其根本原因是中国的法治建设滞后。权大于法、人情大于法的问题没有解决，司法独立性问题没有解决，使得知识产权保护也难以解决。

原因之四：科技管理体制不顺不利于创新。科技管理有三个焦点问题，即重大共性技术的研发组织、科研项目的管理和科研经费的分配。这三个问题都需要有一个好的科技管理体制来解决。但目前我国的科技管理体制源自计划经济体制，已越来越不能适应新形势的需要，集中体现在科技创新不能与市场需求对接、科技创新效率低、科研经费浪费严重等。

原因之五：思想不够解放不利于创新。科技创新离不开人，而人的创新源于思想。如果思想不能解放甚至受到禁锢，就谈不上科技创新。古今中外的历史已反复证明，思想活跃的时期也是科技创新成果丰硕的时期。科斯所说的思想市场就富有启发意义。在新一轮全面改革启动时期，进一步解放思想仍然是一项艰巨任务。

（三）创新驱动要靠改革

随着国际竞争的加剧、人口红利的减少、资源环境约束的加大、基础设施建设的逐步饱和、投资边际效益的下降、资源能源密集型重化工业发展高峰期的结束等，过去多年来我们习以为常的粗放发展模式已走到了尽头，依靠出口、投资和消费需求侧“三驾马车”拉动经济增长已遇到了瓶颈。中国经济要进入新常态，必须找到新的增长点，而找到新的增长点又必须实现发展动力的转换，找到新的发展动力。新的发展动力只能从供给侧去寻找，供给侧动力可以概括为“三大发动机”，即制度变革、结构优化和要素升级。其中，要素升级表现为技术进步、人的素质提升、资金效率的提高、基础设施的升级以及各种要素的信息化改造等，而这些正是创新驱动的核心内容。所以，创新驱动是培育新增长点的“三大发动机”之一。

创新驱动要从两个层面努力。一方面，要按照习近平在中央财经领导小组第七次会议上的基本要求，一要紧扣发展，牢牢把握正确方向，跟踪全球科技发展方向，明确我国科技创新主攻方向和突破口；二要强化激励，大力集聚创新人才，加快形成一支规模宏大、富有创新精神、敢于承担风险的创新型人才队伍，择天下英才而用之；三要深化改革，建立健全体制机制，让机构、人才、装置、资金、项目都充分活跃起来，形成推进科技创新发展的强大合力；四是扩大开放，全方位加强国际合作，积极融入全球创新网络。另一方面，要针对上述不利于科技创新的因素，推进相关改革，比如，推进行政管理体制改革，转变政府职能；推进货币金融制度、财税制度、土地制度、干部考核制度改革，消除经济泡沫化的制度基础；推进知识产权保护制度改革和科技管理体制改革；推进文化体制改革，进一步解放思想，为科技创新插上翅膀。

（四）创新驱动关键靠人

创新驱动是中国经济进入新常态、实现中国梦的关键一招。创新驱动要靠人，人要靠制度激励。

2015 年 3 月 23 日，中共中央、国务院印发了《关于深化体制机制改革，加快实施创新驱动发展战略的若干意见》（以下简称《意见》），重点从体制机制改革方面，明确了实施创新驱动发展战略的对策。为何要强调深化体制机制改革？原因是创新驱动只能靠人，而激励人创新只能靠体制机制改革。

创新驱动只能靠人。从创新的形式来看，创新驱动包括技术创新、产品创新、模式创新、管理或服务创新等。从创新的主体来看，创新驱动包括个人创新、企业创新和政府创新等。技术、产品、模式和管理创新都依赖于人，都要靠发挥人的创造性。企业创新和政府创新也要靠企业和政府中的人来实现。总之，离开了人，创新驱动就成了无源之水。人的知识水平、专业素质和创新精神是创新驱动的不竭动力。

激励人创新只能靠制度。创新虽有创新收益，但也有投入成本，还有创新风险，更有创新面临的各种无形障碍。要让人愿意创新，特别是愿意持续创新，就必须使其创新效用大于创新成本（含风险），这里的创新效用包括经济收益、政治地位和精神享受等。而要实现这一点，只能靠制度。广义的制度包括激励人创新的管理体制、市场机制、法律法规标准、财税金融等政策、文化氛围等。因为这些制度可以通过优化各主体之间的责权利关系，改变创新的成本效用结构，使创新有效用可图，形成各主体积极主动创新的内在动力。

正因如此，《意见》抓住了人这一创新驱动的主体，始终围绕人来确定创新驱动的总体思路和基本原则。比如，着力破除科学家、科技人员、企业家、创业者创新的障碍；要把人才作为创新的第一资源，更加注重培养、用好、吸引各类人才，促进人才合理流动、优化配置，创新人才培养模式；更加注重强化激励机制，给予科技人员更多的利益回报和精神鼓励；更加注重发挥企业家和技术技能人才队伍创新作用，充分激发全社会的创新活力；为科学家潜心研究、发明创造、技术突破创造良好条件和宽松环境等。

与此同时，《意见》抓住了体制机制改革这一激励创新的关键要素，并提出了一系列推进创新驱动的改革举措和相关政策。比如，到2020年，基本形成适应创新驱动发展要求的制度环境和政策法律体系，为进入创新型国家行列提供有力保障；实行严格的知识产权保护制度，打破制约创新的行业垄断和市场分割，改进新技术新产品新商业模式的准入管理，健全产业技术政策和管理制度，形成要素价格倒逼创新机制；扩大企业在国家创新决策中的话语权，完善企业为主体的产业技术创新机制；完善成果转化激励政策，加快下放科技成果使用、处置和收益权；改革高等学校和科研院所聘用制度、科研评价制度，建立高等学校和科研院所技术转移机制；完善事业单位绩效工资制度，健全鼓励创新创造的分配激励机制；建立创新政策调查和评价制度，健全国有企业技术创新经营业绩考核制度；建立公开统一的国家科技管理平台，健全统筹协调的科技宏观决策机制等。

政策的生命力在于实施，只有将上述政策落到实处，才能为创新驱动添上腾飞的翅膀。

（五）创新驱动要发挥企业主体作用

企业是经济增长的主体，创新则是企业提高生产率的重要源泉，是企业形成核心竞争力的不二法门。我们一方面要努力推进自主创新，建设创新型国家；另一方面要发挥企业在技术创新中的主体作用，形成万马奔腾的局面。

创新可以降低企业的生产成本。通过技术或工艺创新，企业可以实现对价格相对昂贵的稀缺生产要素的替代，这样不仅能降低投入品的价格，有时甚至能打破资源的瓶颈约束，扩大生产能力，降低产品的单位成本。同时，创新能够提高企业产品或服务的价值。创新可以增加产品的品种，满足市场多样化的需求，而且通过创新还可以改善企业产品的品质，如延长产品的使用寿命、增加产品的效用和功能，从而提高产品的性价比，使顾客得到更多的实惠。

企业创新能力是一个由不同要素构成的复杂系统，主要包括技术创新、制度创新、组织创新、管理创新、市场创新、产品创新和文化创新等。培养企业创新能力是一个复杂的系统工程，至少包括以下五个方面。

第一，提高创新意识。明确创新对企业发展的重要性，创新是企业核心竞争力的主要表现，是企业竞争优势的源泉。企业的管理层要达成共识，把创新放在关系企业生死存亡、发展壮大的高度来推动企业创新活动，而且要通过宣传、学习和培训提高员工对创新的认知水平，增强他们的创新意识。

第二，制定创新战略。创新能力的培养是个系统工程，需要有长远的规划。通过制定创新战略，明确创新目标，认清企业所拥有的优势与不足，把握企业面临的机遇，规避可能面临的风险，适时推动企业创新活动。这样才能做到未雨绸缪，提高创新的效率。

第三，建立创新机制。创新能力的培养需要有相应的创新机制来提供保证。要不断建立和完善创新的投入机制、创新项目的实施机制、内外部的交流沟通机制、组织学习机制、人才引进与培养机制等。

第四，培养创新文化。要在企业内部逐步培养鼓励创新、崇尚创新的文化。要鼓励员工勇于探索和试验，对创新失败采取宽容和积极的态度。要重视员工看似不合实际的想法，大力支持有利于企业发展的创新活动。在注重内部全员参与的同时，要加强企业与外部的沟通联系，使企业发展始终保持一个动态、开放的姿态，随时准备接受新鲜事物。

第五，引进和培养创新人才。国家创新的主体是企业，企业创新的主体是人才。企业对创新人才的引进和培养要不拘一格，善于打破企业和区划界限，采取不同形式，尽量做到能人为我所用，在引进“外脑”的同时要不断培养内部的创新人才。

七、解放思想是经济发展的重要动力

（一）思想是影响经济发展的根源性因素

十八届三中全会后，中国进入全面改革的新时代，同时经济开始逐步步入新常态。新时期我们面临异常艰巨的改革、转型、创新和发展任务，粗放发展的模式已走到尽头，长期依赖的“三驾马车”动力日渐式微，必须尽快找到新的发展动力。改革、转型和创新都是新的发展动力，但所有这些动力都依赖于解放思想这一更深层次的动力。

思想是行动的先导，思想决定行为，思想引领行为，思想是发展的第一推动力。事实上，在人类历史长河中，几乎都是先有思想革新，后有重大的变革行动和经济社会发展。比如，先有荷兰的宗教宽容和解放思想，后有荷兰的“商业革命”和率先崛起；先有英国的“新教革命”（或“宗教改革”或“清徒教革命”），后有英国的“光荣革命”、“农业革命”和“工业革命”；先有意大利的“文艺复兴”，后有意大利的政治和社会改革；先有法国的“思想启蒙”，后有法国的多次“革命”和经济发展；先有美国的“宗教改革”和《独立宣言》，后有美国自由市场经济的繁荣和国家的强大；先有日本的“文明开化”思想，后有日本的“殖产兴业”和“富国强兵”；先有维新思想的发展，后有“戊戌变法”行动；先有“五四运动”对“德先生”和“赛先生”的传播，后有新民主主义革命的胜利；先有“实践是检验真理的唯一标准”大讨论，后有伟大的改革开放和持续30多年的高速发展。

影响经济发展的动力因素有如下几个方面：一是需求侧动力，如出口、投资和消费“三驾马车”；二是供给侧要素投入动力，如劳动力、资金和土地等投入；三是供给侧生产率提高动力，如制度变革、结构优化和要素升级“三大发动机”，其中，中国的制度变革又包括中国特色的制度动力（“五驾制度马车”）——价格制度、财税制度、金融制度、土地制度和组织制度等，结构优化包括工业化、城镇化和区域经济一体化等，要素升级包括技术进步、人力资本提升和信息化等；四是两个相对独立而重要的动力——对外开放和思想解放。这里主要分析思想解放对经济发展的动力作用。

经济发展的关键在人，影响人行为的核心因素是制度和思想，决定制度变革的因素也是思想，所以思想是影响经济发展的根源性因素，抓住思想就抓住了影响经济发展的“牛鼻子”。在特定的时空下，既有有利于经济发展的思想，也有不利于经济发展的思想。所谓解放思想，就是要摆脱不利于经济社会发展的思想，转向有利于经济社会发展的思想。

（二）思想通过各主体影响经济发展的机制

思想是与特定主体如民众、企业家、学者、领导人等相连的，民众的观念和意识、企业家的精神、学者的理论和观点、领导人的理念和意志等都受思想的影响和左右。而这些主体的思想状态和取向都从不同方面影响经济发展。

首先，民众的观念和意识是影响经济发展的基础性动力。经济发展依赖于企业发展和民众创业。企业发展依赖于企业家精神和企业中每个员工积极性和创造性的发挥，而员工积极性和创造性的发挥，一方面依赖于激励制度的设计，另一方面依赖于员工的观念和意识。民众创业的行为更是受观念和意识的引导，在大众中培育创业意识就有利于经济发展。

其次，企业家的精神是推动经济发展的关键动力。企业是经济发展的核心主体，企业家是企业的主帅和灵魂，企业家精神是支撑企业家创新和应对风险的基础力量。在激烈竞争的市场上，企业要想生存和发展，就必须不断创新和冒险，而这首先需要企业家来承担和推动。企业家精神是一种思想品质，包括创新、冒险、敬业、合作和诚信等。一个国家或者地区只要有了一批具有企业家精神的企业家，就会产生和成长起一批优秀的企业，经济发展就水到渠成。

再次，学者的理论和观点是引领经济发展的无形力量。从人类历史的长河来看，学者的地位和作用巨大而无形。尽管在当今中国经济学家常常挨骂，但不可否认改革开放 30 多年来，许多经济学家为破除计划经济观念的束缚、普及市场经济知识、提供经济决策咨询服务以及促进经济发展等方面都做出了不容忽视的贡献。

最后，领导人或领导人团队的理念和意志对经济发展影响重大。一个国家或者地区的领导人或领导人团队对经济发展影响重大，有时可以说“领导是第一生产力”，在同样的环境和条件下，仅仅因为换了一个领导人，结果几年之后面貌焕然一新。领导人的主要职责是确定方向、战略和路线，而其思想和理念是否科学合理往往决定着一个国家或地区的经济发展效果。如果领导思想僵化、观念陈旧，就可能导致国家或地区走很长的弯路，反之则会顺利、较快走向现代化。

（三）开启“第三次思想解放”

前文主要分析了思想通过各个主体影响经济发展的机制，更需要强调指出的是，解放各个主体的思想，摆脱僵化思想、陈旧观念的束缚，培育与时俱进的新思想，更能促进经济发展。

对当前的中国来说，经济持续下行，面临前所未有的稳增长压力。在此形势下，有必要开展改革开放以来的“第三次思想解放”，以寻找促进经济发展的新动力。20 世纪 70 年代后期的“第一次思想解放”发动了“实践是检验真理的唯一标准”大讨论，开启了伟大的改革开放。1992 年，邓小平南方谈话后的“第二次思想解放”提出了“社会主义市场经济”的新思想，掀起了全面推进经济体制改革的高潮。十八大后，我国进入全面改革的新时代，有必要开启“第三次思想解放”。

“第三次思想解放”可重点围绕两个方面展开：一方面，推进中国几千年以来一直没有彻底完成的关于人权的思想启蒙，理清公权与民权的关系，清理特权思想，为全面改革扫清思想障碍；另一方面，对改革开放 30 多年来形成的“过渡性改革思想”进行与时俱进的调整，更加强调全面改革、依法治国、从严治党、公平发展等思想和理念。

通过“第三次思想解放”，消除思想迷雾，进一步明确前进的方向，凝聚共识，减少内耗，形成合力，实现中华民族的伟大复兴。

小结

【健康可持续的增长一定是来自“三大发动机”】制度变革、结构优化和要素升级“三大发动机”是通过提高全要素生产率来拉动经济增长，因而是健康可持续的。而出口、投资和消费“三驾马车”拉动经济增长常需要借助刺激政策，大规模要素投入拉动增长则会受到资源环境的约束，因而都是不可持续的。

【平稳实现经济增长动力转换】随着“三驾马车”日渐式微，只能依靠制度变革、结构优化和要素升级（或改革、转型、创新）“三大发动机”来推动经济增长。但二者之间可能形成“空档期”，这是中国经济当前面临的最大挑战。在此特殊时期，精准发力的宏观政策就显得特别重要，时机选择、力度把握皆需智慧。

【靠什么提高生产率】靠提高生产率来拉动经济增长已成共识。包括劳动、土地等要素的生产率和国民经济配置效率。那么，靠什么来提高生产率？必须靠“三大发动机”：一靠制度变革，调动积极性，优化资源配置；二靠结构优化，使资源配置到高效的产业和区域；三靠技术进步等要素升级，直接提高生产率。

【提高效率是转变发展方式的不二选择】旧的发展方式的核心特征是低效率，因而实现同样的增长必须消耗更多的资源能源等生产要素。转变发展方式就是要通过提高效率来实现经济增长。提高效率就要依靠制度变革、结构优化和要素升级“三大发动机”，或者说依靠改革、转型和创新。抓住“三大发动机”，就抓住了“牛鼻子”。

【决定中国未来发展的主要因素】在投资边际效益递减、国内外市场扩大受限、人口红利消失、资源短缺、环境压力加大、货币超发空间缩小的约束条件下，如何一方面通过去杠杆、去产能、去库存、去超建、去僵尸解决高速度、高投资、高消耗、高污染、高排放问题，另一方面通过“三大发动机”解决新动力问题？

【解决当前各种问题的根本举措】解决中国当前面临的产能过剩、房地产高库存、杠杆率过高、企业效益低、金融隐患多、资源环境压力大、贫富差距大、缺道德底线和腐败严重等问题，具体举措很多，但根本的举措就三句话：一是以人为本；二是相信市场；三是依法治国。其中，依法治国最为短缺。

【动手术之痛与打激素之诱】中国经济多年累积的高房价、高负债、高产能、高消耗和高投资等问题已到了必须解决的时候了，解决的根本出路就是改革、转型和创新“三大发动机”，这相当于动手术，会很痛。如果怕痛，就只能选择有诱惑力的发债、印钞、托市等短期措施，相当于打激素。面对痛与诱，何去何从呢？

【重建各主体动力机制已是当务之急】在推进全面改革、反腐败、经济转型和大众创业、万众创新过程中，部分主体如创客、投资者的积极性是调动起来了，但各级政府、国有企业、民营企业和知识分子等的积极性还没有完全调动起来，有的甚至陷入不作为中。因此，有必要重建各个主体的动力机制，激发其积极性。

【缓解资金链压力、出清市场、改革换时间“三管齐下”】针对当前经济形势，需要运用高超的调控艺术，实现向经济新常态的平稳过渡。一方面，通过发债等财政政策和松紧适度的货币政策缓解资金链压力；另一方面，通过停止无效投资、淘汰僵尸企业、推进资产重组等出清市场，更主要的是加快改革换取时间。

【要素升级是经济增长的供给侧动力】经济增长除“三驾马车”需求侧动力外，还有制度变革、结构优化和要素升级“三大发动机”作为供给侧动力。要素升级作为供给侧动力之一，区分于土地、资金和劳动力等要素投入量的增加，表现为生产要素质的提升，既是结构优化的重要条件，也对制度变革提供了支撑。

【要素升级是创新驱动的重要途径】生产要素通过要素增加（量的扩大）和要素升级（质的提高）促进经济增长。要素升级表现为技术进步、人的素质提升、要素的信息化改造等，创新驱动包括技术创新、人力创新、模式创新、组织创新和管理创新等。不难看出，要素升级是创新驱动的重要途径。

【创新驱动的三个关键问题】一是培育五大创新主体，即创新型企业、创客、科研院所高校、创新型园区和创新型政府；二是推进八方面创新，即观念创新、制度创新、技术创新、产品创新、产业创新、模式创新、组织创新和管理创新；三是创造四大创新环境，即产权保障环境、激励政策环境、创新平台环境和政府服务环境

【推进万众创新关键靠人和制度】尽管个人、企业、科研院所、高等院校、政府都可成为创新的主体，但个人始终是创新的最基本、最重要的主体，因为其他组织都是由人组成的。创新既有效用，也

有成本、风险和障碍，要想使人愿意持续创新，必须通过制度使人的创新效用大于创新成本，进而形成创新的内驱动力。

【工业转型升级的方向】一是服务化；二是高端化；三是信息化；四是智能化；五是个性化；六是特色化（即各地或各个企业发展特色优势工业）；七是集群化；八是品牌化；九是绿色化或低碳化；十是融合化（即与其他产业融合发展）；十一是国际化；十二是市场化（特别是增长动力市场化）。

第五章

推进供给侧改革

仅认识到供给侧改革的含义、重要性、必要性和方向还远远不够，重复在行动，关键要找到推进供给侧改革的途径和方法。供给侧改革是一个系统工程，需要从供给侧着眼，按照全面改革的思路，扎扎实实地推进各项改革。

一、供给侧改革三十六策

供给侧改革需要行动。本部分对供给侧改革进行广义理解，不仅包括通常意义上的改革，而且包括供给管理所涉及的内容。推进供给侧改革（或加强供给管理）是一个系统工程，需要从培育主体，增加要素有效投入，通过制度变革、结构优化和要素升级“三大发动机”提高全要素生产率，调整存量，优化增量等七个方面采取有针对性的对策。之所以要从七个方面全面推进，有以下几个原因。

首先，供给侧改革离不开发挥主体的作用。任何生产成果都是由各个主体创造出来的，提高全要素生产率必须激发各个主体的积极性和创造性。主体包括企业、个人、区域、科研院所、高等院校、中介组织、创新平台组织和政府等。根据我提出的人本发展理论，即“满足人”“依靠人”“制度引导人”“资源装备人”“分工安置人”的“五人理论”中的“依靠人”就是指经济社会发展要依靠个人及由人组成的各种组织。

其次，要素投入是供给侧改革的题中之义。生产函数讨论产量或 GDP 由哪些因素决定，它就是供给侧的理论和计算公式。在生产函数公式中，决定产量的因素由两部分组成：一是生产要素投入；二是全要素生产率提高。生产要素投入包括劳动投入、资本投入、土地等资源投入、环境投入、企业家管理投入和政府管理投入等六个方面。其中，环境投入常常被人忽视，其实环境也是不可或缺的稀缺资源，是形成产出的必要条件。也有人将技术放在生产要素中，这是不准确的，因为技术属于要素升级的范畴，是提高全要素生产率的重要因素。

再次，制度变革、结构优化和要素升级是供给侧提高全要素生产率的基本途径。供给侧改革最需要解决的问题就是提高全要素生产率，因为只有提高全要素生产率，才能体现各个主体的效率，才能摆脱对需求管理政策的依赖，才能使要素投入成为有效投入，才能提高供给能力和供给效率。笔者多年来依据人本发展理论中的“制度引导人”“资源装备人”“分工安置人”，从经济发展动力角度，将提高全要素生产率的三大途径概括为制度变革、结构优化和要素升级“三大发动机”，以对应于需求侧的投资、消费和出口“三驾马车”。其中，制度变革是指改革，结构优化包括工业化、城镇化、区域经济一体化和国际化等，要素升级包括技术进步、人力资本提升、知识增长和信息化等。

最后，调整存量和培育增量是近期供给侧改革必须解决的问题。供给侧改革既要着眼长远，也要面对和解决短期急迫的问题。解决短期急迫的问题有两种思路：一种是用政府投资、释放流动性等凯恩斯式的需求管理政策；另一种是用供给侧改革的办法。从过去多年的实践来看，用需求管理政策解决短期急迫问题的边际效益在递减，且副作用和后遗症越来越大。这就迫使我们不得不更多地从供给侧寻找出路，也就是调整存量、培育增量。

（一）六大主体对策

任何主体既可作为供给侧（或生产侧）的主体，也可作为需求侧（或消费侧）的主体。从供给侧来看，推进供给侧改革（或加强供给管理）的主要途径是形成主体、提高主体的素质和能力、激发主体的积极性和创造性等。具体来说，可从如下六方面入手。

1. 企业——提高企业的竞争力，增强企业的活力

企业是从事生产、创造财富的重要主体。一国或地区的企业竞争力越高、企业活力越强，则其产品和服务的供给能力越强。所以要通过改革，简化行政审批，放宽准入管制，扩大企业经营自主权；进一步推进国有经济战略性改组，使部分无法适应激烈市场竞争的国有企业稳步退出市场，使那些必须留存在市场上的国有企业深化混合所有制改革；大力发展机制灵活的非国有企业，优化企业产权结构和组织结构；打破行业垄断，保障企业产权；减轻企业负担，激发企业活力；完善公司治理结构，提高技术创新能力、市场开拓能力等竞争力。

2. 个人——培育创客和专业人才，激发其积极性和创造性

绝大部分人都能以不同方式提供各种产品和服务，都能在供给侧发挥不同的作用。其中，创客和专业人才凭借其创造能力和专业素质可以发挥独特的作用。所以要鼓励创业，大力培育各种创客，

培养各类专业人才，要通过制定和完善知识产权制度和财税金融政策等，激发其积极性和创造性。

3. 区域——培育创新型区域，提高区域竞争力

任何企业和个人都是在某一区域从事生产或创造财富的活动。在生产生活环境较好、分工协作发达、创新氛围浓厚的区域进行投资，同样的投入可以获得更高的产出，即这些区域更利于企业和个人提供好的产品和服务。所以要大力培育创新型区域，如创新型城市、创新型社区、创新型农村、创新型园区和区域创新中心等，并努力提高区域的竞争力。

4. 科研院所——提高科研院所、高等院校和各种社会中介组织的综合能力，激发其活力

科研院所、高等院校是从事创新活动、培养人才的重要机构，对于推进供给侧改革、加强供给管理、增加有效供给具有重要意义。因此有必要通过科技体制和教育体制等改革，扩大其自主权，提高其创新能力，激发其活力。同时，还要充分发挥产业创新联盟和各种社会中介组织的作用，使其为企业和创客的生产经营和创新活动提供更多更好的服务。

5. 平台——建立一些国家创新平台或组织，提高其运行效率

提高全要素生产率离不开科技创新，科技创新除了要发挥好企业和科技专业人才的核心作用外，还要发挥好国家实验室、国家创新中心等国家创新组织和平台的作用。特别是一些投资巨大、风险较大、短期效益不明显、具有基础作用的科技创新，更是离不开这

些国家平台组织的独特作用。所以要加快建立重要领域的国家实验室、国家创新中心等，并提高其运行效率。

6. 政府——建立服务型、创新型政府，提高政府管理和服务效率

作为公共服务组织的政府对供给侧的生产经营活动影响重大，精简、廉洁、高效的服务型政府非常有利于激发个人的积极性、推进企业的发展、促进市场的发育、提高国民经济的运行效率。政府也有创新的问题，比如公共服务外包就是一种创新。同时，对政府中的官员进行适当的激励也很重要，因为通过激励可以提高政府的管理和服务效率。

（二）六大要素投入对策

首先要指出的是，“要素投入”与“要素升级”是不同的，前者是指要素“量的增加”，后者是指要素“质的提高”。这里侧重讨论要素投入，要素升级放在后面的全要素生产率提高部分讨论。供给侧的要素投入不能只强调要素投入量的增加，还要强调要素的有效投入（指有需求、有回报的投入），就如有效需求（指有支付能力的需求，不同于需要）一样，否则会造成要素过度投入，引发资源浪费和产能过剩等。

1. 劳动——增加劳动的有效供给

劳动是创造价值的重要源泉。劳动不同于劳动力但源于劳动力，前者是行为，后者是主体。影响劳动的主要因素有人口、人口结构、劳动力结构、就业率、劳动时间、工资率和制度等。增加人口（如

放开二胎）、提高生产性人口比重（如延迟退休年龄）、推迟“刘易斯拐点”、提高就业率、延长劳动时间、提高工资率等皆可增加劳动的供给。而要增加劳动的有效供给，还要考虑市场需求和劳动的实际效果。增加劳动的有效供给，要通过改革收入分配体制、完善劳动力市场、保护劳动者权益等，调动劳动者的积极性和创造性。

2. 资本——增加资本的有效供给

资本是促进经济发展的重要供给力量。在早期的发展经济学中，资本曾被看成是最重要的生产要素。这里的资本是指物质资本，包括资金、股票、债券、厂房、机器设备和原材料等，有时可以将基础设施也包含进来。资本供给与投资需求既有联系也有区别，投资需求是指需求侧的固定资产和存货投资需求，资本供给则范围更宽一些。增加资本的有效供给，就是要按照市场需求，供应投资回报率较高的资金、股票、债券、厂房、机器设备、原材料和基础设施等。为了增加资本的有效供给，要鼓励个人储蓄和企业储蓄、适当发行国债和其他债券、推进金融市场化改革和投资体制改革、吸引外资等。加快投资体制改革，缩小政府投资比例，提高民间投资比例。加快金融体制改革，发展多种形式的资本市场。

3. 资源——增加资源的有效供给

资源包括土地、能源、水和矿产等，是形成产出的重要条件。增加资源的有效供给就是要按照市场需求，增加资源产出率较高的土地、能源、水和矿产等投入。必须指出的是，资源能源的过多投入会带来资源的短缺等问题，所以要供给有度。为此，要发展循环经济，通过减量化、再利用和资源化等，提高资源利用效率。

4. 环境——增加环境的有效供给

很多人将环境从生产要素中剔除出去了，这是不对的，因为好的空气、水、土壤等环境也是人们生产生活的必要条件，好环境也是稀缺的、有价值的资源，也需要投入，否则日益恶化的环境必定降低产出效果。增加环境的有效供给就是要通过必要的投入，控制环境污染、改善生态环境，提供人们所需要的环境产品和服务。

5. 企业家管理——增加企业家管理的有效供给

在生产函数公式中，企业家管理被省略了，其实企业家管理非常重要而关键，是不能省略的生产要素。因为企业家管理可通过明确企业发展方向、协调矛盾、整合资源等形成巨大的生产力。至于同样重要的企业家才能提升放在后面的要素升级中讨论，企业家精神的发挥放在后面的制度变革中讨论。增加企业家管理的有效供给就是要重视企业家的作用，增加企业家的数量，提高企业家的管理水平。

6. 政府管理——增加政府管理的有效供给

政府管理也是形成产出的一种必要投入，因为政府可以提供产权保护、秩序维护、市场监管、公共服务、环境保护等公共产品和服务。要通过政府改革、转变政府职能等，促使政府提供更多的有效管理和服务。

（三）全要素生产率提高对策之一——四大制度变革对策

供给侧改革的核心是提高全要素生产率，提高全要素生产率的途径是我多年来反复论证和强调的“三大发动机”——制度变革、结构优化和要素升级。其中，制度变革又是根源性发动机，因为结构优化和要素升级也要受其制约。制度变革也就是制度改革，制度改革可以从多方面提高生产率。比如，通过激发各主体的积极性和创造性提高生产率，通过优化资源配置提高生产率，通过促进技术进步和结构升级提高生产率，通过改善和提高投资者预期提高生产率等。

供给学派的主张，如减税、减少管制、反对垄断和抑制通胀等，都要通过制度变革来实现。当前中国正在推进的绝大部分改革都可以起到提高生产率的作用，我们可以按照供给学派的通用概念将制度变革的具体内容分为如下四个方面。

1. 减管制

减管制即减少政府对市场、企业和个人的管制，特别是行政管制，包括准入管制、退出管制和价格管制等。当前正在推动的政府行政管理制度改革、审批制度改革、商事制度改革等，或简政放权、放管结合和优化服务等，就是减管制的实际举措。减管制可以减少对企业和个人的束缚，解放生产力，提高生产率。

2. 减垄断

减垄断（或反垄断或限制垄断）的目的是减少特权、鼓励公平竞争，激发市场活力。垄断包括行政垄断和自然垄断，其中最需要限制的垄断是行政垄断。当前，中国的垄断表现在多个领域，如重要行业中存在行业垄断，企业中存在国企垄断，生产要素中存在土地垄断、资金垄断等，在西方还存在工会垄断等。减垄断就是要通过垄断行业改革、国有企业改革、土地制度改革和金融制度改革等，大幅减少各个领域的垄断，维护公平竞争秩序，提高经济运行效率。

3. 减税收

减税看似是财政政策，实则背后是一系列的改革，因为减税的前提是减支（含减过度的福利保障支出等），而减支的前提是减职能、减机构和减人员，而减职能、机构和人员则依赖于政府行政管理制度改革、财政制度改革以及人事制度改革等。减税的主要功能是减轻企业和居民的负担，相应提高其消费率和投资率，激发其积极性，提高生产率，促进经济发展。

4. 减货币超发

货币是社会最重要的契约，应保持相对稳定。货币超发相当于“面多了加水、水多了加面”，虽可带来短期账面的经济增长，但会带来通货膨胀、贫富差距拉大、资源错配等副作用和后遗症，所以要通过减货币超发，控制通货膨胀，抑制资源错配，走主要依靠生产率来拉动经济增长的正道。

（四）全要素生产率提高对策之二——四大结构优化对策

提高全要素生产率的另一个重要途径是结构优化。结构优化主要表现为人口和生产要素行业和区域分布结构的优化。结构优化可以促进资源的优化配置，提高资源配置效率，提高全要素生产率。具体来说，结构优化有如下四个基本途径。

1. 推进新型工业化

狭义的工业化是指工业在国民经济中比重不断提高的过程，张培刚提出的广义的工业化则是一系列生产函数连续发生由初级向高级变化的过程。工业化的实质是越来越多的人口和生产要素，从较低效率的传统农业领域转移到较高效率的工业领域的过程。这个过程也就是通过产业结构优化而提高全要素生产率的过程，故工业化是供给侧改革的重要途径，或供给管理的重要内容。故要通过国有企业改革、垄断行业改革、价格制度改革等推进新型工业化。

2. 推进新型城镇化

狭义的城镇化是城镇人口在总人口中比重不断上升的过程，广义的城镇化是城市文明不断扩大的过程。城镇化的实质是人口和生产要素不断从较低效率的农村地区，向较高效率的城镇地区不断转移的过程。这个过程也就是通过人口的区域布局结构优化而提高全要素生产率的过程，所以城镇化也是供给侧改革的重要途径。为此，有必要加快推进户籍制度改革和土地制度改革、劳动就业制度改革、投融资体制改革等，促进新型城镇化。

3. 促进区域经济一体化

区域经济一体化意味着不同地区之间分工协作不断加深的过程，根据亚当·斯密的理论，分工是提高效率的重要源泉，而且可以极大地提高效率，所以区域经济一体化也是供给侧改革的重要途径。因此，要通过行政区划制度改革、设市制度改革、城乡福利保障制度改革等，推进区域经济一体化。

4. 促进国际化

国际化或经济全球化意味着不同国家分工协作不断加深的过程，同样可以在国际范围内发挥各自的比较优势，极大地提高效率，实现互利共赢，所以国际化或经济全球化也是供给侧改革的重要途径。为此，要通过外贸制度改革、汇率制度改革和对外投资制度改革等，促进中国经济的国际化或全球化。

（五）全要素生产率提高对策之三——四大要素升级对策

要素升级不同于要素投入，要素升级代表了生产要素“质的提高”，可以直接促进全要素生产率的提高。具体来说，要素升级可从如下四个方面推进。

1. 推进技术进步

技术进步或科技创新是指新技术的发明创造，可以促进产业和产品创新，提高生产率。随着社会的进步，技术成为越来越重要的生产要素，对经济发展的贡献比率越来越高。技术进步越快，技术水平越高，技术的运用效率越高，则促进经济发展的供给力量越大。所以要通过改革科技管理制度和知识产权制度等，大力发展高新技术和各种适用技术。

2. 提升人力资本

人力资本通常被理解为劳动力所拥有的知识和有效运用这些知识的能力（如生产经营能力和技能等），以及由健康状态决定的寿命、力量强度、耐久力和精力等。舒尔茨认为，人力资本由健康设施和服务、正规教育、在职教育和培训、个人和家庭移民等途径形成。劳动力质量越高或人力资本越多，促进经济发展的供给力量越大。人力资本提升与劳动力投入是不同的，后者可以增加产量，但不能提高生产率，而前者可以提高生产率。所以要通过教育制度改革、医疗卫生体制改革等，增加教育投资，大力发展基础教育，鼓励社会力量办学，发展多种形式的在职教育、成人教育或终身教育，大力发展针对农民和民工的培训，提升人力资本。改革城乡分割制度，培育全国统一的劳动力市场，实现劳动力在不同区域和产业之间的自由流动。

3. 促进知识增长

新增长理论认为，知识具有“外溢效应”，知识增长可以为提高生产率做出贡献。随着知识经济时代的到来，知识成为越来越重要的生产要素，对经济发展的贡献率越来越高。知识增长越快，则促进经济发展的供给力量越大。所以要加强对知识产权的保护，提高知识运用效率，加快推进知识在全体国民中的普及和传播。

4. 推进信息化

以移动互联网为代表的新一轮全球技术革命正在取得突破，对传统产业带来了颠覆性的冲击，任何行业和企业都必须适应它，否则难逃被淘汰的命运。经济和社会的信息化，一方面可以大大降低信息成本、交易成本等，另一方面可以产生新的价值空间或提高附加值，提高生产率。所以要实施网络强国战略、国家大数据战略等，推进“互联网+”行动计划，加快信息基础设施建设，努力提高信息化水平。加强劳动力供求信息网络建设，为城乡劳动力提供及时的就业信息。

（六）六大存量调整对策

前面按照理论逻辑讨论了供给侧改革或供给管理的许多对策，但由于体制和发展模式的原因，中国积累了很多供给侧的存量问题，这些存量问题尽管有些也与结构优化有关，但需要单独拿出来讨论。在当前形势下，如果不能将这些存量问题解决，则增量也难以培育起来，所以要加快推进存量调整。具体来说，存量调整对策包括以下六个方面。

1. “去产能”

去产能即淘汰落后产能。“旧的不去，新的不来”，落后产能已成为培育新兴产业的一大障碍，并且造成了资源浪费，累积了经济风险。鉴于此，中央财经工作领导小组第十一次会议将淘汰落后产能作为推进供给侧改革的四大歼灭战之一。对钢铁、水泥、电解铝、玻璃和造船等严重产能过剩的行业要痛下决心采取有效措施去产能。可借鉴能源、水资源和建设用地总量控制的做法，对落后产能进行总量控制，同时建立指标交易市场，将行政手段与市场手段有机结合起来。

2. “去库存”

去库存主要是针对房地产业严重供过于求的情况而采取的措施。房地产库存过大已成为影响房地产业健康发展的重要障碍，必须采取多种措施消化库存。这也是中央财经工作领导小组第十一次会议明确的供给侧改革四大歼灭战之一。同时，其他行业也要去库存。

3.“去超建”

去超建是我提出的新概念，是针对基础设施建设领域中存在的过度超前建设、超大建设、超量建设（指过高负债来建设）、超标建设而采取的措施。“四超”是扭曲政绩观的体现，违背基础设施建设的一般规律，带来了很多副作用和后遗症，必须予以化解。

4.“去僵尸”

去僵尸是指淘汰那些没有发展前景的僵尸企业。保留僵尸企业虽能维护就业岗位、掩盖不良资产率的上升，但浪费资源、扭曲价格、累积风险，保留下去明显失大于得，必须痛下决心，壮士断腕，加快破产或重组进程。

5.“去成本”

去成本即降低企业的成本，特别是实体经济企业的制度性交易成本、融资成本、劳动力成本、物流成本、税费成本和电力成本等。如果再不痛下决心降低企业成本，很多实体经济企业将难以在经济持续下行的情况下生存下去，由此引发一系列经济社会问题。所以“十三五”规划建议明确要开展“降低实体经济企业的成本行动”，这是非常必要的战略举措。

6.“去风险”

在去产能、去库存、去超建、去僵尸的过程中，有可能引发一些风险，为了避免出现经济的系统性风险，必须同时采取去风险的行动，或控制风险的行动。这也是中央财经工作领导小组第十一次会议明确的供给侧改革四大歼灭战之一。

（七）六大增量培育对策

仅解决存量问题还不够，还需要同时解决增量的培育问题。解决增量问题的主要途径是寻找新的动力，发展新的产业，开拓新的空间，形成新的模式。具体来说，包括以下六个方面。

1. 开发新技术

前面从提高全要素生产率角度提到了技术进步，这里强调的是采取开发新技术的具体行动。新技术可以带来新产品，扩大新市场，增加新供给。“十三五”期间，要重点开发高端通用芯片、集成电路装备、宽带移动通信、高档数控机床、核电站和新药创制等关键核心技术。

2. 发展新产业

新兴产业是未来经济发展的主要方向，在淘汰落后产业的同时，一定要同步培育新兴产业，否则经济会失速。“十三五”期间，要重点发展与新一轮全球技术革命和消费结构升级相适应、绿色低碳、具有国际竞争力的新兴产业，如节能环保产业、信息产业、新能源产业、生物医药产业、智能制造产业和高端装备制造业等。

3. 培育新业态

新业态是指新的产业发展形态和经营方式，可以提高产业运行效率，也是促进经济发展的供给侧力量。重点要培养与信息化（移动互联网）、数据化、智能化、个性化和社群化等相适应的新商业形态等。

4. 开发新区域

新区域是指新的可开发利用的地区和具有市场竞争力的新增长点，新区域的形成可以带来新的生产力，也是经济发展的重要供给侧力量。因此，要合理发展新兴城镇、新兴农村、城市新区、试验区或示范区等。

5. 塑造新品牌

品牌意味着高附加值，意味着市场竞争力。塑造新品牌可以增加价值、提升整体竞争力，也是经济发展供给侧的重要力量。所以要加快塑造区域品牌、产业品牌、产品品牌、企业品牌和企业家品牌等。

6. 形成新模式

新模式可以形成新的整合资源方式，提升生产率，增加有效供给，提升供给水平。在移动互联网新时代，要努力形成新的商业模式、盈利模式和发展模式等。

在讨论完36条对策后必须指出，以上对策并非平行的，其中的重点对策是制度变革或改革，因为主体培育或主体素质提高、生产要素的有效投入、全要素生产率提高、结构优化、要素升级、存量调整和增量培育等都依赖于改革。所以，要死死抓住改革这个“牛鼻子”来推进供给侧改革。

二、在全面改革基础上推进重点领域改革

（一）推进全面改革

十八届三中全会后，中国开始进入全面改革的新时代，供给侧改革是全面改革的题中之义。全面改革包括经济、政治、文化、社会和生态等领域的改革，主要包括以下内容。

一是政府管理体制改革。改革开放以来虽然已进行过多次政府管理体制改革，在机构和人员精简上取得了一些进展，但在政府职能转变等实质性方面没有取得明显成效。公共服务薄弱，审批职能过多，政府行为缺乏有效监督，权力“设租”和“寻租”现象还比较普遍。今后应优先推进政府管理体制改革，进一步精简机构和人员，理顺各部门的责权利关系，减少地方政府管理层次，强化公共服务职能，减少行政性管制，取消一切不合理的审批等。

二是政治体制改革。政治体制决定着社会各阶层的权利安排，是深化经济体制、文化体制和社会体制改革的基础保障，是一项绕不过去的改革。由于过去主要推行了“经济改革优先”战略，因而导致政治体制改革严重滞后，由此带来了一系列问题。推进政治体制改革的核心是保障民权、限制公权、取消特权，建设现代社会，保障居民的产权、自由选择权和平等交易权等。推进政治体制改革的关键是建设现代法治，用“善法”来平等约束老百姓和当权者自

身，树立宪法的权威，建立独立公正的执法和司法体系，切实解决有法不依、违法不究、执法不严不公等问题。

三是文化体制改革。这里的文化不是狭义的文化产业，而是广义的思想意识。在30多年改革开放中，经过多次思想解放，我们已在文化体制改革方面取得了一些成绩，但总体来说，文化体制改革仍然严重滞后于经济体制改革，远不能适应现代社会的需要。文化体制改革的关键是如何依照宪法保障国民的言论自由，如何贯彻“双百方针”，如何繁荣社会主义文化。为此，必须进一步解放思想，塑造宽容不同思想的文化氛围，加强社会信用建设，强化舆论监督。同时，建立健全保障公民基本文化权益的机制，加大投入力度，扶持公益性文化事业发展，推进文化事业单位改革，大力发展文化产业，建立统一开放竞争有序的现代文化市场体系，创新文化生产方式，完善文化传播体制。

四是社会管理体制改革。这里的社会管理体制改革不同于教育、就业、收入分配、福利保障等社会领域的改革，而是指如何在政府与市场之间建立起有效的社会自我管理体制，主要包括社会团体和行业组织等方面的建设。改革开放以来，在浙江等市场经济相对发达的地区，行业协会、商会等民间社会组织发挥了重要作用。在政府机构改革过程中，我们设立了一批行业协会，同时还成立了很多学会、研究会等社团组织。但与发达国家相比，我国的社会团体和行业组织等社会组织建设还十分薄弱，大部分还是政府的“附庸”，没有独立发挥作用。今后应在转变政府职能的过程中，设立更多的社会组织，允许各种社会群体设立自己的维权组织，更好地发挥各种社会组织的作用，以形成与政府管理体制相得益彰的社会管理体制。

五是福利保障等社会领域的体制改革。社会领域的体制改革包括科技、教育、就业、医疗、卫生、养老、住房、低保、收入分配、救助和应急等多个领域，是一个大家族，属于民生领域的改革，与老百姓的一系列切身利益紧密相连，为社会所广泛关注。这方面的改革过去已做了许多工作，但远未到位，改革的任务仍然十分艰巨。这方面的改革大多属于政府的公共服务职能，因此必须与政府改革协调推进。如果政府没有转到主要为民众提供公共服务上来，这方面的改革就难以到位。同时，这方面的改革大多需要巨大的投入，因此还需要与财税和预算管理体制改革相配套。社会领域体制改革的核心是保障人民的生存权和发展权。

六是土地制度改革。土地是农业的基本生产资料，也是其他行业的重要经营要素（各行业都需要有依托于土地之上的厂房、办公用楼和住房等），土地还是国民和政府的重要财富形式（财产性收入之一）。土地制度改革具有“牵一发而动全身”的位势。我们过去在土地制度改革上已做了一些工作，如给了农民土地经营权等，但土地制度改革还未真正破题，主要表现在农民还未获得土地的永久使用权。由于土地制度改革未到位，导致了“三农”问题、城镇化扭曲、地方政府“趋利化”、房地产发展不正常等问题。因此，今后应加快推进土地制度改革，关键是要归还农民土地永久使用权，建立城乡公平竞争的土地要素市场，实现土地资源的优化配置。

七是城乡分割体制改革。城乡分割体制改革包括改革城乡分割或城乡不平等的户籍制度、产权制度、劳动就业制度、福利保障制度、财税和投资制度等。城乡分割体制是在计划经济体制时期形成的，当初的主要目的是为了优先保证城市的工业化建设。改革开放以来特别是近几年来，通过允许农民进城打工、保障农民工的权益等，在城乡分割体制改革方面取得了一些进展。但与建设全国公平竞争的统一市场、建设社会主义和谐社会的要求相比，城乡分割体制改革的任务还十分艰巨。今后要从保障广大农民的基本国民待遇出发，加快推进城乡分割体制改革，努力建设城乡统一的户籍制度、产权制度、劳动就业制度、福利保障制度、财税和投资制度等。

八是垄断行业改革。除了自然垄断行业有一定的合理性外，行政垄断行业和市场垄断行业都与公平竞争的市场经济和社会主义公平正义原则相冲突，必须进行改革。到目前为止，金融、电信、电力、石油、石化、邮政、铁路、民航、烟草、黄金、水务和煤气等行业仍然处于高度的行政垄断和市场垄断之中，造成了垄断性行业与竞争性行业之间的严重不公平竞争，不利于科学发展和和谐社会建设。同时，中国还存在地方封锁、地方保护等地方垄断现象。因此，今后应加快垄断行业改革，要以敢于碰硬的大无畏改革精神向这些垄断行业开刀，铲除垄断特权，改出一个公平竞争的行业秩序来。

九是国有资产管理体制改革。由于实行了几十年的计划经济，中国积累了庞大的国有资产，这些国有资产是全体国民的财产，而不仅仅是国有企业的财产，更不仅仅是国有企业经营者和国有企业主管部门的财产。如何保护和管理国有资产是一个必须解决的重大课题。在过去的改革中，我们已建立了国有资产管理委员会等国有资产管理体制，但还有一些重大问题没有解决，比如全国人大作为全体国民的代表机构应对国有资产行使监督管理权的问题就没有解决，国有企业作为承担一定公共利益、享有国家政策保护的特殊组织应给国民更多投资回报的问题也有待解决。因此，今后应进一步深化国有资产管理体制改革，解决国有资产的保值增值、保护、监管和回报等问题。

十是金融财税投资体制改革。这些改革主要涉及政府的宏观调控管理，对保证宏观经济的稳定、维护市场经济的公平竞争秩序等都具有十分重要的意义。改革开放以来，这些领域的改革可以说一直在进行，也取得了一些进展，但由于政府管理体制改革滞后，导致这些领域的改革都远未到位，比如各金融领域的综合监管体制、公共财政管理体制、预算监管体制、投资监管体制等就远未到位。由此导致了政府宏观调控手段不科学、金融风险较大、政府聚集财力过多、各级政府财力分配不合理、政府在公共服务领域“缺位”严重、投资效率低、“寻租”腐败严重等问题。因此，今后应加快金融财税投资体制改革，建立现代金融监管体制，建设公共财政体系和科学合理的投资体制。

（二）推进供给侧改革的正确方向

推进供给侧改革的正确方向应是“八减八增”。

一是减少政府管制，增加市场活力。即通过行政管理制度改革、审批制度改革等，减少行政审批和行政管理，保障企业和个人的自主权，激发市场活力，增加有效供给。

二是减少行政垄断，增加公平竞争。即通过政府改革、垄断行业改革、价格改革等，限制和减少垄断，打击特权，维护公平，促进竞争，实现市场出清，化解产能过剩等。

三是减少税费负担，增加企业效益。即通过预算制度改革、税收制度改革等，减少税收，清除不合理收费，减轻企业负担，提高企业盈利水平，促进实体经济发展。

四是减少政府机构，增加社会组织。即通过政府机构改革、人事制度改革等，精简政府机构，精简政府人员，放宽社会组织设立条件，扩大政府与市场之间的力量。

五是减少货币超发，增加直接融资。即通过货币制度改革、金融制度改革等，控制货币发行和通货膨胀，稳定社会预期，大力发展各种层次的资本市场，增加投资渠道，鼓励创业和创新。

六是减少政府投资，增加社会投资。即通过投融资制度改革、政府职能改革等，放宽市场准入，降低政府投资的比重，增加社会投资的比重，激发社会活力。

七是减少资源消耗，增加智力资本。即通过能源管理体制改革、土地制度改革、环境保护制度改革、生态制度改革、科教人才制度改革等，降低资源能源消耗，优化资源能源结构，控制环境污染，提高智力资本比重，减轻经济发展对资源环境的依赖。

八是减少短期政策，增加长期法治。即通过宏观调控制度改革、司法制度改革等，减少宏观政策调控的频率，保持宏观政策的相对稳定，使社会更多地转向通过法治手段解决各类矛盾和冲突。

（三）2016 年的重点改革领域

按照 2015 年年底召开的中央经济工作会议要求，2016 年是中国推进供给侧改革的攻坚之年，要将推进结构性改革与全面深化改革结合起来，“要加大重要领域和关键环节改革力度，推出一批具有重大牵引作用的改革举措”。具体来说，要重点推进如下供给侧改革。

第一，大力推进国有企业改革。与非国企相比，国企更易形成产能过剩和高库存，更易通过高负债寻求高速发展。所以解决产业结构等结构性问题必须大力推进国企改革，要加快改组组建国有资本投资、运营公司，加快推进垄断行业改革等。

第二，加快推进财税体制改革。绝大部分经济结构性问题都与财税体制有关，如僵尸企业的大量存在就与财税制度的支持有关。所以要抓住划分中央和地方事权和支出责任、完善地方税体系、增强地方发展能力、减轻企业负担等关键性问题，加快推进财税制度改革。

第三，加快推进金融体制改革。很多经济结构性问题也与金融体制有关，如杠杆率高就与金融体制密切相关。所以要抓紧研究提出金融监管体制改革方案，加快推进银行体系改革，深化国有商业银行改革等。

第四，加快推进养老保险制度改革。之所以淘汰落后产能和僵尸企业很难，一个很重要的原因是职工下岗难，职工下岗难又与养老保险制度不完善有直接关系。所以要加快养老保险制度改革，完善个人账户，坚持精算平衡，提高统筹层次。

第五，加快推进医药卫生体制改革。在经济结构调整阵痛过程中能否维持社会的和谐稳定，离不开医药卫生体制的保障。所以要在保基本、强基层的基础上，着力建立新的体制机制，解决好群众看病难、看病贵的问题。

第六，加快推进涉外领域改革。产业结构调整、资源优化配置要从全球市场综合考虑。为此，要抓好优化对外开放区域布局、推进外贸优进优出、积极利用外资、加强国际产能和装备制造合作、加快自贸区及投资协定谈判、积极参与全球经济治理等工作。要改善利用外资环境，高度重视保护外资企业合法权益，高度重视保护知识产权。要抓好“一带一路”建设落实，发挥好亚投行、丝路基金等机构的融资支撑作用。

三、推进改革本身的创新

（一）改革要有新观念

新一轮改革要树立人本改革观、全面改革观、公正改革观、创新改革观和持续改革观等五大新观念。

经过30多年的改革开放和高速发展后，中国新一轮改革面临与改革开放初期不同的形势和环境——国际环境变了，自身地位变了，技术环境变了，发展阶段变了，人口素质变了，体制环境变了等。在新的环境下，改革的对象变了，改革的内容变了，改革的重点变了。因此，自2013年开始的新一轮改革要有新的观念，具体表现在以下方面。

一是要树立人本改革观。从“满足人”、“依靠人”和“引导人”三个方面树立人本改革观。所谓“满足人”，是指改革不能为改革而改革，而要从满足人的各种需要出发推进改革，用人民需求的满足程度来检验改革的成效。所谓“依靠人”，是指改革不能只成为少数领导者或少数精英的事业，而要成为绝大多数国民的共同事业，充分依靠全体国民来推进改革。所谓“引导人”，是指改革的主要对象——制度要成为激励人的合理合法行为、约束人的不合理不合法行为的手段，通过改革形成良好的制度秩序。

二是要树立全面改革观。要认识到改革是一个系统工程，包括经济改革、政治改革、文化改革、社会改革和生态改革等，而且各子系统之间是相互关联的。改革不能长时间在经济改革上“单兵突进”，今后要按照“十八大”要求，协调推进经济改革、政治改革、社会改革、文化改革和生态改革，协调推进农村改革和城市改革，协调推进不同区域的改革试验等。

三是要树立公正改革观。要正确处理好不同阶层、不同地区、不同行业之间的权益关系，正确处理好改革推进者与被改革者之间的关系。改革要尽可能公平、公开、公正地进行，改革不能成为一些别有用心的人实现个人或小团体权益的手段，改革的成果要让全体国民共享。今后的改革要尽可能减少过去常用的特区政策、倾斜政策、优惠政策和不平衡发展思路，而要按照构建和谐社会的要求，按照国民待遇原则、公平竞争原则，按照建设全国统一市场和城乡统一制度的方向，推进公正改革。

四是要树立创新改革观。要认识到改革不仅是促进发展的创新手段，而且改革本身也需要创新。改革本身创新包括改革内容创新、改革模式创新、改革思路创新和改革手段创新等方面。改革总是特定时空的改革，过去行之有效的改革不见得未来也行之有效，此地行之有效的改革不见得彼地也行之有效，因此改革必须因时因地制宜，必须不断进行适应性创新。今后改革的创新要重点围绕如何全面、协调、公正地推进人本改革而进行。

五是要树立持续改革观。时代在前进，环境在变化，制度不断出现新的不适应，所以改革永无止境，必须树立持续改革观。对我国来说，30 多年的改革开放远未将制度理顺，而且近年来随着改革步伐的放缓，新的矛盾不断出现，新一轮改革的迫切性日益凸显。即便是这一轮改革得到深入推进，随着时间的推移，新的问题还会产生，新的改革需求还会出现，改革未有穷期。

（二）改革要有新理论

改革是需要理论指导的。在中国过去 30 多年改革中，曾有多种理论对改革实践发挥过重要影响作用，但这些理论已不能完全适应新的改革形势，改革呼唤新的理论。

比如政治经济学所有制理论、比较体制理论和短缺经济学、微观经济学和宏观经济学、产权理论和新制度经济学、公共选择理论和信息经济学等理论，都在不同程度上对中国过去的改革实践产生过重要影响。但面对中国今后经济、政治、文化和社会四位一体的改革，这些理论存在如下几个方面的局限：一是它们大多主要适用于经济体制改革，难以同时满足政治体制改革、文化体制改革和社会体制改革的需要；二是其中有的理论只是经济学的一般原理，不能直接套用到改革实践中；三是这些理论过于零散，没有用统一的理论逻辑很好地整合起来，使人们在应用中有无所适从之感；四是这些理论大多过分强调企业的微观基础地位，相对忽视了个人的微观基础地位，这使得改革实践总是从企业或家庭权利入手，而不是从个人权利入手，因而难以将各种改革融入到统一的逻辑框架中去。

为了满足未来改革的需要，我认为，有必要对现有的理论进行整合和创新，重建新的改革理论。新的改革理论可称之为“人本改革理论”。

“人本改革理论”可以从我提出和倡导的“人本发展理论”延伸出来，“人本发展理论”以人为纽带，构建了一个包括“满足人”、“依靠人”、（制度）“引导人”、（资源）“装备人”和（分工）“安置人”在内的“五人模型”。其中，“满足人”是目的，“依靠人”是纽带或主体，（制度）“引导人”、（资源）“装备人”和（分工）“安置人”是影响因素或手段。

借鉴“人本发展理论”框架，“人本改革理论”也可包括如下五个方面的内容：一是改革的目标——“满足人”，二是改革的主体——“依靠人”，三是改革的对象——（制度）“引导人”，四是改革的手段——（资源）“装备人”，五是改革的支撑——（分工）“安置人”。

其中，“满足人”是指通过改革满足人的物质需求、精神需求、成长需求和权利需求等多种需求；“依靠人”是指依靠民众来推进改革；（制度）“引导人”是指通过改革形成能激励人积极性和创造性，同时能约束人“机会主义行为”的文化制度、法律制度、组织制度（含市场组织、企业组织和政府组织）和管理制度；（资源）“装备人”是指利用自然资源、资本资源、知识资源和人力资源等为改革提供条件和手段，同时通过改革促进资源优化配置和资源升级；（分工）“安置人”是指利用市场分工（如商品化）、产业分工（如工业化）、区域分工（如城市化）、国际分工（如国际化）等为改革提供效率和发展支撑，同时通过改革促进分工深化，使每个人各得其所。

“人本改革理论”看似简单，但它提出了一个具有广泛适用性的方法论，有如下几个方面的重要意义。

第一，它为解释和判断各种好制度和坏制度现象提供了一个统一的分析框架。解释和判断一个制度或一项改革举措是好是坏，可以通过是否满足了多数人、依靠了多数人、引导了多数人、装备了多数人和安置了多数人来分析和识别。

第二，它为提出国家、地区和企业等各个层面主体的改革对策提供了非常实用的框架思路。有了这一理论，我们就知道，改革对策无非要从满足人的需求、调动人的积极性、文化制度、法律制度、组织制度（市场组织、企业组织、政府组织）、管理制度、资源优化配置、资源升级和分工深化等方面去考虑。

第三，它为整合各种零散的改革理论提供了平台。有了这一理论，我们就可以通过“人”这根纽带，将各种改革理论从逻辑上串起来。比如，所有制理论主要研究了其中法律制度中的所有权制度，比较体制理论主要研究了其中的组织制度，微观经济学主要研究了其中的资源配置等。

第四，它建立了改革的个人微观基础。这一理论将个体人作为基本的微观单元，在个体人层面上建立了改革理论的最微观基础，从而为将各种改革理论融入到统一的逻辑框架中提供了可能。

第五，它同时适用于经济体制改革、政治体制改革、文化体制改革和社会体制改革等各种改革。因为不管是哪种改革都离不开人与人之间责、权、利关系安排这一主题。而且，这一理论中的制度包括文化制度、法律制度、组织制度（含市场组织、企业组织和政府组织）和管理制度等。

第六，它在改革与发展之间建立了沟通的桥梁。发展除了表现为总量增长外，更多的是表现为要素升级（如技术进步、人力资源提升）和分工深化（如商品化、工业化、城市化）等，而这一理论已将发展的这些内容包括进去了。

（三）改革要有新策略

在过去30多年改革中，我们主要采取了“渐进改革”“增量改革”“体制外改革”“双轨制改革”“局部突破改革”“试点试验改革”和“经济优先改革”等改革策略。事实证明，这些改革策略是有成效的。不过，这些改革策略还是一把“双刃剑”，在带来成效的同时也出现了体制扭曲、信号混乱、政治改革滞后、“寻租”腐败严重、贫富差距加大、经济发展粗放、内外经济失衡等“后遗症”。随着改革进入新阶段及改革对象和改革形势的变化，今后的改革策略必须做出调整。那么，新的改革策略是什么呢？我认为是“人本改革”“全面改革”“协调改革”“公正改革”和“创新改革”等，其中最主要的是“人本改革”。

为何新的改革策略主要是“人本改革”？

首先，“人本改革”抓住了改革的基本方向和核心环节。改革最终都是为了满足人的需求，从满足多数人各种需求出发的“人本改革”就抓住了这个基本方向。改革必须依靠多数人才能取得成功，以依靠人为纽带的“人本改革”就抓住了这个核心环节。我们人类是社会性的存在，改革是对调整人与人之间责、权、利关系的制度变革，只有始终坚持“以人为本”才不会偏离改革的大方向。

其次，从过去国内外改革的经验看，“人本改革”能取得较好的效果。历史上，英国的“宪政改革”（或“光荣革命”）、美国的“自由宪章”、日本的“自由民权运动”等满足多数人权利需求的改革都取得了较好的效果。中国改革开放以来的农村家庭联产承包责任制改革、非国有企业改革等依靠多数人的改革也取得了较好的成效。俄罗斯的打击权贵资本改革、越南的党内民主和国会选举改革都因为得到多数人支持而取得了较好的效果。

再次，“人本改革”是其他新改革策略的纽带和灵魂。“全面改革”“协调改革”“公正改革”和“创新改革”等其他新改革策略只有坚持“人本”才能取得更好的效果。所谓“全面改革”就是要在推进经济改革的同时，加快推进政治改革、文化改革和社会改革，而这些改革主要是满足人的自由选择权和平等交易权等需求。所谓“协调改革”，就是要协调推进经济、政治、文化和社会改革，协调推进城乡改革等，其实质是要协调满足人的各种需求。所谓“公正改革”，就是要使改革的过程、程序和结果尽可能公平正义，其实质是让多数人分享改革的成果。所谓“创新改革”，就是要不断创新改革的战略、途径和方式，其实质是要尽可能发挥多数人参与和推进改革的积极性和创造性。

那么，如何推进“人本改革”呢?

一是要从满足多数人需要出发推进改革。对那些不损害任何人利益但有利于多数人利益的改革（即具有“帕累托改进”性质的改革）要优先推进，对那些有利于多数人但可能损害少数人利益的改革也要在合理合法补偿少数人利益的情况下大胆推进，对那些只有利于少数人但不利于多数人的“伪改革”要停止推进。通过改革使绝大多数人“学有所教、劳有所得、病有所医、老有所养、住有所居”。

二是要充分依靠多数人推进改革。要尽可能让多数人成为改革的主体，成为改革的积极参与力量。为此，有必要对过去那种主要由政府和精英设计和主导的改革进行改革，转向“多数人参与式改革”，即让多数人可以参与设计改革、论证改革和监督改革，并分享改革的成果。

三是要尽可能形成激励多数人的制度。不管是文化制度、法律制度，还是组织制度（含市场组织、企业组织和政府组织）、管理制度，都要通过改革尽可能形成激励多数人的制度，充分调动多数人的积极性和创造性。与此相对应，要尽可能形成约束各种主体（如政府、企业和个人等）“机会主义行为”的制度。

四是要为多数人提供好的资源配置条件。要通过改革优化配置资源、促进资源升级，为多数人提供好的生存和发展条件，如土地、能源、基础设施、资金、技术、知识、信息和人力资本等。

五是要为多数人创造高效就业岗位。要通过改革形成好制度，降低分工交易成本，提高分工效益，促进商品化、农业产业化、新型工业化、新型城市化、区域一体化、国际化和品牌化等各种分工形式的深化，为多数人创造高效率和高效益的就业岗位，并使多数人各得其所，实现其人生的最大价值。

总之，“人本改革”是新时期新改革策略的“旗手”，抓住“人本改革”，中国的改革必将走向新的辉煌！

（四）改革要有新突破口

新一轮改革的突破口选择应是从最重要、最核心的地方，即各个主体之间的权利配置入手。

首先，必须明确，在改革进入深水区后寻找改革突破口，与改革开放初期寻找改革突破口，有了很大不同。在改革开放初期，我们寻找改革突破口主要是按照先易后难的原则进行选择的，所以我们采取了“先农村后城市、先沿海后内地、先增量后存量、先双轨后单轨、先体制外后体制内、先经济后政治”的改革路径。总之，遇到难题或硬骨头先绕开走。而现在改革已经到了深水区，已经被逼到了墙角，要碰硬了，要触犯既得利益了，再绕开走行不通了。因此，新一轮改革的突破口选择应是从最重要、最核心的地方入手。最重要、最核心的地方就是各个主体之间的权利配置。权利优化配置的基本方向是“限制公权，增加民权，减少管制权，增加自由权，消除特权，维护平等权”。下面主要从政府、企业和居民三个主体来讨论改革的新突破口。

突破口一是政府改革。按照优化权利配置的方向，政府改革的思路可以概括为：“减权力、减机构、减人员、减税费、增责任”，即转变政府职能，减少政府经济管理权力，精简政府机构和人员，减少企业和居民的税费负担，增加政府提供公共产品和社会服务的责任。这是我国下一步改革的主要突破口。

突破口二是企业改革。垄断行业国有企业改革的思路可以概括为：“限范围、削特权、增上交、加责任”，即要限定国有企业的范围，主要经营具有外部性的公共产品，也就是专注于公众需要但民营企业不愿意干的公共产品生产；削掉垄断行业中国有企业的特权，包括行业进入的特权、垄断土地资源的特权、垄断信贷的特权、垄断定价的特权等；增加国企利润的上缴，国企资产是全民共有的，不能仅为国企内部的小利益集团所用，必须惠及全民；增加垄断行业中国企的社会责任，国企占有大量的国有资源，又有那么多的先天优势，所以必须承担更多的社会责任。

突破口三是居民改革。居民改革的方向是遵照宪法，将居民变成现代居民，使每个居民享有居民权利和义务。具体思路是“还权、增利、担责”。“还权”是指按照宪法和社会主义市场经济体制的要求，赋予居民应有的产权、自由选择权和平等交易权。“增利”是指通过税费制度和收入分配体制改革等，减轻税费负担，增加工资收入、财产收入和福利保障待遇等。“担责”是指按照责权利对称原则，居民要承担现代居民应负的纳税、遵纪守法和诚信等社会责任。

（五）改革要有新招数

当前我们不仅要加快推进改革，而且要对改革本身进行创新。改革也有一个科学改革的问题，也有一个创新的问题，也有以人为本、统筹兼顾的问题。改革也有好的改革和不好的改革，还有伪改革。所以，我们还要追求好的改革，要对改革进行改革。

第一，创新改革理论。以前，我们的改革理论主要是渐进改革、双轨制改革、增量改革等。今后，我们要推进科学改革，因此要在人本改革、全面改革、公平改革等改革理论方面进行创新。

第二，创新改革组织。以前有国家体改委，后来变成了体改办，再后来就并入了国家发改委，发改委的改革职能很弱，远远不能胜任今后推进全面改革的需要。因此，必须尽快进行改革组织创新。“十八大”报告指出，要建立改革的协调机构——中央深改组。中央深改组是中央层面的机构，它要推进经济、政治、文化、社会和生态“五位一体”的改革，远远超过了原有体改委的职责范围。

第三，创新改革规则。也就是说，改革也要按规则进行推进。改革要用法治的方式推进，改革试点的成果要上升到法治层面。那些不适应新一轮改革需要的法律法规和政策要尽快进行修订。

第四，创新改革规划。就像制定经济社会发展规划一样，制定各个层次的改革规划，通过规划明确改革的指导思想、基本原则、发展目标、主要路径、具体措施、路线图和时间表。而且这些改革规划也要创新，包括创新改革规划的实施主体，创新改革规划的内容，创新改革规划的实施方法，创新改革规划实施的考核办法等，总之要使改革规划落到实处。

第五，创新改革试点。改革需要进行试点，但改革试点的目的不是为了各地方去争取特权和优惠。改革的正确方向应是让各个地方、各个主体公平竞争。我们要通过试点搞一些去特权优惠的“真改革”，而不是去搞一些获取特权优惠的“伪改革”，改革试点也要努力创新。

第六，创新改革方式。要将改革的顶层设计与群众的首创精神相结合，光强调哪一方面都不行，这是一个改革方式选择的问题。还有存量改革和增量改革的关系问题，我们首先要优先进行增量改革，以减少改革的阻力，但同时也要对存量下决心进行改革，如果存量老是不动的话，那么增量改革也将难以顺利推进。

总之，只有通过以上措施对改革本身进行创新，或者对改革本身进行改革，树立改革新观念，找准改革新突破口，我们才有可能推进科学改革，才有可能抓住机遇、应对挑战、化解难题，才有可能实现中华民族的伟大复兴。

四、推进全面创新

（一）为何要推进全面创新

十八届五中全会公报亮点很多，其中关于创新的阐述令人尤为深刻。比如：“必须牢固树立并切实贯彻创新、协调、绿色、开放、共享的发展理念。这是关系我国发展全局的一场深刻变革”；“坚持创新发展，必须把创新摆在国家发展全局的核心位置，不断推进理论创新、制度创新、科技创新、文化创新等各方面创新，让创新贯穿党和国家一切工作，让创新在全社会蔚然成风”等。显然，全会已提出了全面创新的观点，全面创新包括理论创新、制度创新、科技创新、文化创新、动力创新、产业创新、空间创新、管理创新和模式创新等，其中制度创新也就是改革。

为什么要推进全面创新？

首先，解决现有问题需要全面创新。经过30多年的持续高速发展后，我国已积累了很多问题，如产能过剩、债务过高、资产价格泡沫、资源浪费、环境污染、贫富差距大、腐败严重和信仰缺失等。这些问题成因复杂，相互影响，解决它们绝非一般性简单措施可以胜任，需要对症下药、综合施策，需要通过制度创新等全面创新才能逐步予以化解。

其次，寻找新动力需要全面创新。产能过剩、债务过高、资产价格泡沫等问题，与多年来过分依靠货币政策和政府投资，拉动投资、消费和出口“三驾马车”来推进经济增长有很大关系。其实，“三驾马车”只是GDP的三个组成部分，是结果，而非原因。今后必须寻找新的增长动力，新动力来自“三大发动机”——制度变革、结构优化和要素升级，或者改革、转型和创新。这些新动力是通过提高全要素生产率来拉动经济增长的，因而是健康可持续的。其中，改革和创新都是全面创新的范畴，转型也依赖于全面创新。

最后，适应新趋势需要全面创新。以移动互联网、大数据为代表的新一轮全球技术革命正在取得突破，抓住这一轮技术革命以推进经济社会发展需要全面创新，特别是需要通过产权制度改革、科技教育体制改革等，来形成技术进步的新动力。随着美国推进“再工业化”、德国推出“工业 4.0”等，全球产业竞争日趋激烈，适应这一趋势也需要推进全面创新。

（二）如何推进全面创新

第一，创新理论。理论是先导，是基础，是指导实践的重要依据。理论需要反映不断变化的实践，需要与时俱进，需要持续创新。现有理论已远不能满足快速发展实践的需要，所以出现了一些盲目实践和政策失误。因此，需要尽快创新理论，形成新时代的新理论。

第二，创新文化。文化决定思想，思想引导行为，行为导致结果。所以，文化创新具有特殊重要的地位和作用。当前，我国最需要培育的文化就是创新文化和诚信文化等，需要通过创新文化来推动“大众创业、万众创新”，培育创业意识和企业家精神等。

第三，创新动力。在“十三五”时期，必须将经济增长动力从过去主要依靠“三驾马车”、大规模要素投入、中国特色制度动力（GDP 导向的价格制度、财税制度、金融制度、土地制度和干部考核制度），转向改革、转型、创新“三大发动机”。通过“三大发动机”，“培育发展新动力，优化劳动力、资本、土地、技术、管理等要素配置，激发创新创业活力，推动大众创业、万众创新，释放新需求，创造新供给，推动新技术、新产业、新业态蓬勃发展”。

第四，创新空间。创新空间包括优化空间布局、拓展新的经济发展空间等。优化空间布局可以使人口、生产要素各得其所，降低通勤成本和运输成本等，提高生产率。区域经济一体化是优化空间布局的具体途径。推进“一带一路”建设等，一方面可以优化空间布局，另一方面可以拓展新的经济发展空间。因此，要“拓展发展新空间，形成沿海沿江沿线经济带为主的纵向横向经济轴带，培育壮大若干重点经济区”。

第五，创新技术。技术进步是要素升级的核心内容，是人类进步的阶梯。通过创新技术，创新产品和服务，可以满足人类的新需求。因此，在新一轮全球技术革命带来之际，必须“实施网络强国战略，实施‘互联网＋’行动计划，发展分享经济，实施国家大数据战略”；“实施一批国家重大科技项目，在重大创新领域组建一批国家实验室，积极提出并牵头组织国际大科学计划和大科学工程”。

第六，创新产业。创新产业需要在三大产业中同时推进：一是构建工业新体系，“加快建设制造强国，实施《中国制造二〇二五》，实施工业强基工程，培育一批战略性产业”；二是通过“开展加快发展现代服务业行动”，加快发展现代服务业；三是“大力推进农业现代化，加快转变农业发展方式，走产出高效、产品安全、资源节约、环境友好的农业现代化道路”。

第七，创新制度。一方面要加快构建有利于创新发展的新体制，如“加快形成有利于创新发展的市场环境、产权制度、投融资体制、分配制度、人才培养引进使用机制”。另一方面要通过政府改革为创新提供更好的服务和环境，如“深化行政管理体制改革，进一步转变政府职能，提高政府效能，激发市场活力和社会创造力”，“减少政府对价格形成的干预，全面放开竞争性领域商品和服务价格”。

小结

【死死抓住改革的“牛鼻子”】2016年工作千头万绪，挑战甚大，但不管什么新词、新战略、新举措，抓住改革即可。全面建成小康社会要靠改革，“五个发展”要靠改革，解决产能过剩、债务负担、资产泡沫、不良贷款和环境压力等要靠改革，去产能、去库存和去杠杆等要靠改革，因为只有通过改革理顺关系才有未来。

【供给侧改革的正确方向】供给侧改革的正确方向是“八减八增”：减少政府管制，增加市场活力；减少行政垄断，增加公平竞争；减少税费负担，增加企业效益；减少政府机构，增加社会组织；减少货币超发，增加直接融资；减少政府投资，增加社会投资；减少资源消耗，增加智力资本；减少短期政策，增加长期法治。

【供给侧改革的重点不是供求结构平衡，而是政府与市场关系】当下很多人讨论供给侧改革将重点放在供给结构、供给质量与需求不匹配上，这都没有抓住问题的本质。供给侧改革的重点应是正确处理政府与市场关系，应是减少政府的干预，应是发挥市场和企业的决定性作用，应是提高全要素生产率以实现可持续发展。

【供给侧改革应是中西医并用】有人将需求侧政策比作西医，将供给侧改革比作中医，这是不准确的。更准确的说法应是需求侧政策是西医打激素，供给侧改革是西医动手术和中医调理并重。去产能、去杠杆和去库存相当于动手术，通过全面改革和全面创新提高全要素生产率相当于中医调理，且后者不能太慢。

【供给侧改革意味着从打激素转向动手术】过去的拉动“三驾马车”的需求管理政策意在刺激，需求本受制于收入水平，扩大需求则要打激素。而供给侧改革则是面对多年积累的经济结构性问题的体制性障碍而推进改革，即开始对症下药，开始动手术。供给侧改革虽然会有阵痛，但这是解决真问题的开始。

【最担心的是将供给侧改革变成了政府主导的运动】需求管理政策强调通过“三驾马车”发挥政府的宏观调控作用，供给侧改革强调发挥市场的作用，强调通过制度变革、结构优化和要素升级“三大发动机”提高全要素生产率，实现经济可持续发展。如果将供给侧改革变成了政府主导的生产供给运动，那就背道而驰了。

【通过市场化改革除旧布新】中国经济面临除旧布新两大基本任务：一是淘汰落后产能等；二是培育新产业和新动力。除旧也好，布新也罢，都要通过市场化改革来推进。依靠市场淘汰落后产能尽管可能慢些，但成本较低、副作用和后遗症较少。培育新产业也要相信企业和市场，以避免出现像光伏产业那样的情况。

【经济下行下需优先推进的十项改革】一是减税降费改革；二是简政放权改革；三是价格市场化改革；四是反垄断特权改革（含国企改革）；五是预算制度改革；六是股票注册制改革；七是计划生育制度改革；八是土地制度改革；九是司法制度改革；十是自贸区改革。其他改革也重要，但这些改革更有利于稳增长。

【简政放权是一场深刻的自我革命】以消减和下放行政审批权、

降低准入门槛、精简程序、建立“三单”（负面清单、权力清单、责任清单）、转变职能等为主要内容的简政放权改革，是对政府权力的减少和约束，是一场深刻的自我革命。此项改革的持续推进将为减税降费、精简机构和人员、培育市场等创造条件。

【简政放权是一项真正的改革】简政放权意味着现有权益格局的调整，要做好它绝非易事，因简政放权是一个复杂的体系，需要“五减一增”——减政府干预职能、减行政权力、减政府机构、减公职人员、减税费，增公共服务职责。以此为突破口推进新一轮改革，方能理清政府与市场的关系，方能建立现代治理体系。

【国企改革必须处理好的七组权利关系】① 所有权、监管权与经营权的关系；② 独资、控股与参股的关系；③ 国企垄断权与民企平等权的关系；④ 全民股权利益与国企内部人利益的关系；⑤ 党管干部权与国企用人自主权的关系；⑥ 出资人权利、资本运作人权利与资产经营人权利的关系；⑦ 内部新老三会责、权、利关系。

【中国力避“中等收入陷阱”的关键三招】一是“壮士断腕去痼疾”（如垄断特权、粗放模式、过剩产能、资产泡沫、货币超发和高负债等）；二是“破釜沉舟推改革”（还有创新和升级，但它们皆依赖于改革），培育经济社会发展新动力和新增长点；三是“非常手段控风险”（如设国家转型风险基金等）。

【推进供给侧的城镇化】需求侧的城镇化解强调通过城镇化拉动投资和消费需求，强调政策的引导。供给侧的城镇化则强调以人为本，强调推进农民市民化，强调尊重农民的选择，强调提高新市民的人力资本，强调发挥市场的作用，强调城镇化优化配置资源、提高生产率的作用，强调尊重城镇化规律循序推进城镇化。

【建设创新型城市的十大对策】一是创新定位（进行特色定位）；二是创新产业（含产业组织、发展创新型企业）；三是创新空间布局；四是创新技术（含技术推广和应用方式）；五是创新发展动力和发展模式；六是创新体制机制；七是创新制度；八是创新管理或监管方式；九是创新服务（含内容和方式）；十是创新品牌。

【万众创新需要同时培育五类创新主体】一是创新型个人（创客——能把各种创意转变为现实的人）；二是创新型企业，区分于模仿型企业，致力于创造新产品、新服务和新模式等；三是创新型区域，包括创新型城市、园区、示范区、基地和农村等；四是创新型高校和科研院所；五是创新型政府，如决策科学等。

第六章

做好供给管理

供给侧改革是改革制度，改革制度需要一个过程，而当下还面临迫切的供给管理问题。所谓供给管理，是指针对供给侧问题而开展的管理。“去产能、去库存、去杠杆、降成本、补短板”并非改革制度，不属于供给侧改革的范畴，而属于供给管理的范畴。因此，在推进供给侧改革的同时，还要做好供给管理。

一、调整存量："去产能"是重中之重

（一）中央经济工作明确了"三去一降一补"的重点任务

2015年年底召开的中央经济工作会议就2016年如何做好供给管理作了非常明确的部署，具体包括五个方面的内容。

一是"去产能"，即淘汰实体经济的落后产能。多年来，钢铁、水泥、建材、电解铝、玻璃和造船等重化工行业的产能利用率只有70%左右，造成了大量的资源浪费。所以要通过供给管理，淘汰落后产能，使有限的资源用在刀刃上，从而为新兴产业的发展腾出空间；加快破产清算案件审理；制定和实施财税支持、不良资产处置、失业人员再就业和生活保障以及专项奖补等政策；做好职工安置工作等。

二是"去库存"，即减少房地产行业的库存。房地产行业经过多年来高歌猛进式的发展，已经形成了供严重大于求的局面，使得房地产发展受到了很大阻碍。房地产企业只有消化好库存，才能轻装前行。所以要通过供给管理，加快农民工市民化进程，扩大房地产

有效需求；允许农业转移人口等非户籍人口在就业地落户，把公租房扩大到非户籍人口；鼓励房地产开发企业顺应市场规律调整营销策略，适当降低商品住房价格；取消过时的限制性措施等。

三是“去杠杆”，即降低政府和企业的负债水平。这是针对中国经济多年来负债率过高、金融风险压力较大而制定的措施，通过去杠杆把风险控制在可控范围内，实现中国经济的平稳健康发展。为此，要对信用违约依法处置；有效化解地方政府债务风险；抓紧开展金融风险专项整治，坚决遏制非法集资蔓延势头，坚决守住不发生系统性和区域性风险的底线。

四是“降成本”，即降低实体经济企业的成本。当前实体经济企业的核心困难是市场需求随着经济下行而缩小以及高成本的挑战，这两方面使很多企业效益下降，一部分企业甚至处于生死存亡的境地。要想解决这个问题，就要降低实体经济企业成本，“十三五”规划建议以及中央经济工作会议非常明确地提出要降低实体经济企业的制度性交易成本、税费成本、财务成本、电力成本和物流成本等，通过降低成本为实体经济赢得发展的空间。

五是“补短板”，即在一些被忽视或滞后领域增加有效供给。所谓有效供给，是指有市场需求、符合消费结构升级方向以及能够产生合理回报的供给。可以进一步通过精准扶贫、促进企业技术进步、提升人力资本和发展绿色经济等多项途径增加有效供给。因此，要打好脱贫攻坚战；支持企业技术改造和设备更新；培育发展新产业；补齐软硬基础设施短板；加大投资于人的力度；继续抓好农业生产，保障农产品有效供给等。

（二）“三去”是一场存量革命

2015年12月召开的中央经济工作会议强调“推进供给侧结构性改革，是适应和引领经济发展新常态的重大创新”，2016年推进供给侧改革“主要是抓好去产能、去库存、去杠杆、降成本、补短板五大任务”。其中，去产能、去库存、去杠杆“三去”是重点和难点，是对过去多年形成的实体经济产能存量、房地产库存、债务存量的革命性调整。

“三去”是针对过去30多年来形成的“五高”（高速度、高投资、高消耗、高污染和高排放）而采取的措施，是对症之策。“五高”发展模式在带来经济增长和综合国力提升的同时，也带来了产能过剩、房地产高库存、债务负担大等问题。这些存量问题已成为阻碍中国经济社会发展的重要因素，到了必须解决的时候了。因为如果这些存量问题不解决，将浪费大量资源，扭曲价格信号，恶化资源配置，阻碍新兴产业的成长。

供给侧“三去”是一项挑战性很大的工作。与培育增量相比，调整或去掉存量难度更大。因为存量涉及既得利益，去掉存量意味着一些既得利益的丧失；存量涉及“路径依赖”，调整或去掉存量意味着要摆脱既有路径；存量涉及观念和情感，调整或去掉存量意味着改变观念和摆脱对熟悉事物的依恋；存量涉及风险，调整或去掉存量意味着风险的暴露。推进“三去”，说明我们敢于面对问题和解决问题。

“去产能”主要针对实体经济领域。钢铁、电解铝、水泥、建材、玻璃、冶金和造船等行业的产能利用率仅 70% 左右，资源浪费严重。所以要通过去产能，淘汰落后产能，优化供给结构，为培育新产能扫清障碍。去产能要注意四点：一是尊重市场，由企业主导去产能；二是分类处置，避免“一刀切”，鼓励多兼并重组；三是依法处置，即按规则、按程序处置不良资产；四是稳妥推进，要完善财税支持、专项奖补等配套政策，做好职工安置等工作。

“去库存”主要针对房地产行业。过去多年来房地产行业高歌猛进的发展，既带来了高房价问题，也带来了高库存问题。不解决高库存问题，房地产进一步发展很难。去库存要注意五点：一是房地产去库存是一个较长过程，要做好打持久战的准备；二是房地产有一部分库存按经济规则是永远不可能去掉的，因要考虑成本代价；三是要将降价和减少新的无效供给作为去库存的主要手段；四是要认识到去库存只是房地产去泡沫的手段之一；五是要通过改革土地制度、财税制度、金融制度和预售制度等解决房地产发展的深层问题。

“去杠杆”主要针对金融领域。去杠杆的目的是为了避免出现大的系统性风险。过去多年的发展已积累了杠杆率过高的风险，负债占 GDP 的比重超过了 250%。去杠杆要注意六点：一是要摸清家底，了解真实的杠杆率；二是要完善全口径政府债务管理，严控债务增量；三是要加强全方位监管和风险监测预警，规范各类融资行为；四是要依法处置信用违约，妥善处理风险案件；五是要做好地方政府存量债务置换工作，防范道德风险；六是以可控方法和节奏主动释放一些债务风险，淘汰或重组僵尸企业，避免风险的累积。

同时，还要做好“去超建”工作。“去超建”是我提出的新概念，是针对基础设施建设领域来说的。部分基础设施建设存在超前建设、超标建设、超大建设、超量建设的问题，需要通过“去超建”使其回归正常发展的轨道。

（三）“三去一降一补”可扩展为“六去”

从短期看，供给管理要解决好存量调整和增量培育问题。如果存量问题解决得较好，则一方面有利于经济平稳探底，另一方面有利于促进增量成长。在调整存量过程中，要注意避免引发经济的系统性风险。

中央经济工作会议提出的“三去一降一补”可以扩展为如下“六去”。

第一，去产能。去产能主要针对实体经济领域。目前中国很多实体经济行业，尤其重化工业行业产能过剩问题比较严重。比如，钢铁、电解铝、水泥、玻璃和造船等行业的产能利用率只有70%左右，这样低的产能利用率造成了很多资源的浪费。因此，要通过去产能优化供给结构，增加有效供给，为培育新产能扫清障碍。

第二，去库存。去库存主要针对房地产行业。过去多年来房地产行业高歌猛进的发展，不仅带来了高房价问题，还带来了高库存问题。高库存作为前期高速发展留下的包袱已经成为房地产行业今后健康发展的主要障碍。因此，需要通过去库存，为房地产健康发展创造条件。

第三，去超建。这是笔者提出的新概念，是针对基础设施建设领域来说的。过去多年来，大规模的基础设施建设成为拉动经济增长的重要手段。其中，部分基础设施存在超前建设、超标建设、超大建设和超量建设的问题，违反了经济发展的规律，也带来了资源浪费和债务负担过重等问题。因此，需要通过“去超建”，让基础设施建设回归到正常发展的轨道上来，综合考虑投资回报率、运营维护成本、项目可持续性等问题。

第四，去僵尸，或淘汰或重组僵尸企业。目前，有很多产能过剩行业产生了不少僵尸企业，已成为附着在经济肌体上的一个毒瘤。僵尸企业既浪费了宝贵的资源能源，也积累了行业风险，还扭曲了价格信息，恶化了资源配置。因此，必须要下决心淘汰和重组僵尸企业，让经济重新焕发活力。

第五，去成本，或降低成本。目前，实体经济企业普遍面临制度性交易成本、税费成本、资金成本、物流成本和用电成本等偏高的问题，已成为许多企业不可承受之重。而降低成本可以增加企业的利润，可以提高企业的市场竞争力。因此，“十三五”规划建议、中央经济工作会议都提出要将降低实体经济中的企业成本作为明年推进供给侧结构性改革的“四大歼灭战”之一。

第六，去风险，或去杠杆或控制风险。经过多年的高速发展，中国经济已积累了一定的风险，特别是杠杆率过高的风险。同时，在去产能、去库存、去超建、去僵尸企业和去成本过程中，也有可能引发一些新的风险。因此，有必要采取有力措施，尤其是社会政策托底的措施，来尽可能地把风险控制在有限的范围之内，避免出现大的、系统性风险。

（四）去产能是重中之重

1. 去产能刻不容缓

首先，本轮产能过剩具有程度重、持续时间长、行业多、腾挪空间小的特点。钢铁、煤炭、电解铝、水泥、玻璃、造船和冶金等行业的产能利用率只有70%左右，个别行业不到60%；截至2015年年底，PPI已连续47个月负增长；产能过剩涉及行业不但存在于传统产业，还蔓延到风电设备等一些战略性新兴产业；与加入WTO前的产能过剩相比，本轮产能过剩遇到了发达国家复苏乏力、新兴经济体经济下行的夹击，寄希望于国外市场消化产能过剩的空间缩小，尽管通过“一带一路”战略可以解决部分问题，但可能难以达到以前的效果。

其次，落后产能已成为经济转型升级的巨大障碍。结构性产能过剩的大规模存在，不仅极大地浪费了资源能源，破坏了环境，恶化了资源配置，而且带来了巨大的债务负担，累积了经济泡沫和经济风险，更主要的是挡住了新兴产业成长的通道，成为保持国民经济持续健康发展、打造中国经济“升级版”的“拦路虎”。

最后，去产能可为促进经济转型升级带来新的动力。去产能虽然会带来阵痛，但只要我们咬牙挺住，就可以除旧布新、凤凰涅槃、获得新生。去产能可以倒逼地方、行业、企业加快发展高附加值、符合产业转型升级方向的新产业，真正依靠技术进步、提升人力资本、推进信息化等来提升产业发展的质量和效益，从而为打造中国经济升级版提供强大动力。

2. 产能过剩的主要原因

产能过剩有周期性产能过剩和结构性产能过剩两种。周期性产能过剩有些是正常的，因为市场经济具有周期波动的特点，会存在供给与需求信息不对称情况，某些企业由于判断失误、投入过多而出现产能过剩，其程度不会太重、范围不会太宽、持续时间不会太长。而结构性产能过剩则是由于体制和模式原因而产生的大范围、长时间的产能过剩，这种产能过剩危害更大，是我们要重点关注和解决的对象。本轮产能过剩部分表现为周期性产能过剩，但主要表现为结构性产能过剩。

结构性产能过剩的原因主要有两个方面。

一方面，与工业化阶段转换有关。2000 年以来，我国工业化开始进入中期向后期过渡阶段，经济高速增长，尤其是房地产、重化工业等行业快速发展，诱使煤炭、钢铁、电解铝、水泥和平板玻璃等行业的企业按照产能的最高限来设计生产能力。但随着 2008 年国际经济危机的爆发，随着重化工业阶段开始由资源能源密集型重化工业阶段上半场进入到知识或技术密集型重化工业阶段下半场，煤炭、钢铁、电解铝、水泥和玻璃等资源能源密集型重化工业发展的高峰期已过，于是这些行业的产能过剩问题日益凸显出来。

另一方面，与干部考核制度有关。长期以来，我国形成了以 GDP 为导向的干部考核制度，GDP、工业增加值、财政收入等指标的考核权重很高，于是很多地方政府热衷于追求对 GDP 贡献较大的产业发展。在政府主导经济体制下，即使部分行业开始出现产能过剩，也不会自动及时出清，而是会以种种办法维持产能过剩，以实现 GDP 的高增长。

同时，2009 年推出的四万亿投资和十一大产业振兴计划等经济刺激政策，虽然对保增长起到了积极作用，但对产能过剩则起到了推波助澜的作用，导致一些本已过剩的行业出现进一步产能过剩。

3. 去产能关键是处理好政府与市场的关系

去产能是一项很复杂、很艰巨的工作，需要处理好政府与市场的关系，需要同时发挥好政府和市场的作用。

去产能首先要发挥好市场在配置资源中的决定性作用。如前所述，造成产能过剩的一个重要原因是政府主导型经济体制和 GDP 导向干部考核制度。正因为市场化改革没有到位，才导致企业不能完全按照市场规律来规划产能，而是按照行政命令来扩大产能，由此导致产能与市场需求脱节。因此，去产能的根本出路在于深化市场化改革，让市场在资源配置中发挥决定性作用。首先，要让市场主体真正按照市场规律和市场需求组织生产；其次，要推动价格机制改革，实现生产要素价格的完全市场化，避免不合理的价格信号对产业发展带来错误诱导；再次，要引导政府切实转变职能，尊重市场规律，不强迫企业扩大生产规模。

但单纯靠市场去产能也存在缺陷，主要包括两个方面：一是市场自我调节的周期太长；二是去产能带来的失业、债务、呆坏账等问题，仅靠市场无法解决。因此，在去产能过程中还要发挥好政府的作用，政府不能做“甩手掌柜”，而要在转变政府职能的前提下，做好如下几方面的工作。首先，要加快完善相关法律法规，使去产能有法可依、有章可循；其次，要加快制定和完善相关的行业标准，特别是技术标准和环保标准，通过提高标准引导企业主动淘汰落后产能；再次，要制定合理的财税、金融、土地政策，做好基本的社会保障工作；最后，要加强协调与管理，妥善处理好去产能中面临的各种复杂问题。

4. 去产能必须改革干部考核制度

导致产能过剩的一个重要原因是干部考核制度，因此去产能就必须改革 GDP 导向的干部考核制度。

产能过剩源于粗放的发展模式，而粗放的发展模式源于干部考核制度。如果不改变干部考核制度，发展模式就不可能改变，产能过剩就不能解决。政府的主要职责是提供产权保护、福利保障、环境保护等公共服务，为企业创造一个公平竞争的市场环境。因此，对干部的考核应紧紧围绕公共服务展开，而不是主要围绕 GDP 增长展开。

改革干部考核制度，就要降低 GDP、工业增加值、固定资产投资和财政收入等指标的考核权重，提高生态环境、资源节约和能源效率、民生类指标的考核权重。当然，这项改革能否顺利推进，还有赖于政治体制改革的推进。

5. 以可控方式释放产能淘汰风险

在多年经济高速发展中，我国积累了落后产能过剩、资产价格泡沫、地方债务过多、银行不良资产率上升等经济风险。有些经济风险只有释放才能化解，如果一味防控只会累积风险，以致形成系统性风险。但有风险不可怕，只要我们正视风险，及时科学应对，就完全可以化解风险。

在所有经济风险中，落后产能过剩尤为引人注目。近年来，钢铁、电解铝、水泥、玻璃和造船等工业的产能利用率只有70%左右。工业产品价格指数PPI已连续47个月负增长，2015年下降5.1%，价格指数低迷表明工业品供过于求的情况比较严重。

近年来，党中央国务院高度重视落后产能过剩问题，出台了一系列相关政策。但在淘汰落后产能过程中仍遇到了不少阻力：许多企业在找不到新出路的情况下往往是“好死不如赖活着”地硬撑着发展；银行怕暴露不良资产，只好继续向“僵尸企业”输血；一些地方政府怕影响社会稳定，不愿淘汰落后产能；许多国企的员工怕失业，希望企业落后产能继续运转。

确实，淘汰落后产能会产生如下风险。首先，淘汰落后产能，如果没有其他接续产业跟上，会导致短期经济增长速度下滑。其次，在市场经济条件下，淘汰落后产能与形成新产能应是同步的，但在目前情况下，淘汰落后产能与形成新产能可能不同步，由此导致产业和产品可能出现断档。再次，地方财政收入出现下降。特别是对那些落后产能集中又缺乏现代接续产业的地区来说，淘汰落后产能，将大幅减少财政收入。然后，金融信贷风险增加，在淘汰落后产能的过程中，部分企业会破产，部分生产线会被淘汰，由此引发企业资金链的风险，进而增加银行信贷风险。最后，淘汰落后产能，会淘汰部分企业，导致就业岗位减少，下岗人员增加。

针对以上淘汰落后产能过程中的风险，有两种处置思路：一种是严防死守，以宽松政策不断输血，不打破刚性兑付，不退出和重组“僵尸企业”；另一种是以可控方式和节奏主动释放风险，以壮士断腕的决心，打破刚性兑付，退出和重组“僵尸企业”，同时做好社会政策托底工作，将风险控制在有限范围内。前一种思路短期好看，但长期系统性风险很大，后一种思路短期有阵痛，但长期可避免系统性风险。中央“十三五”规划建议按照“两害相权取其轻”的原则，提出“以可控方式和节奏主动释放风险”，这说明已明确要尝试后一种处置思路。

如何以可控方式和节奏主动释放淘汰落后产能中的风险？一是加强统筹规划。淘汰落后产能涉及多个部门，各部门要加强统筹协调，制定科学的工作方案。针对不同行业进行分类处理，要把握好淘汰的节奏。二是加快培育接续产业。关键是加快开发具有自主知识产权的新技术和附加值较高、具有市场竞争力的新产品。三是深化“银政企”协作。建立淘汰落后产能的“银政企”合作机制，三方定期进行沟通与协调。四是加大财政和金融政策支持力度。建立财政专项资金，对相关企业进行扶持。制定财税、金融和土地等激励政策，鼓励企业主动淘汰落后产能。五是保障企业职工的权益。为下岗职工提供必要的经济补偿，提供最低生活保障。加大培训力度，提升下岗职工的再就业能力，妥善安置好下岗职工。

（五）“去超建”同样刻不容缓

“去产能、去库存、去杠杆”是2016年供给管理的中心工作。

其实，还有一项同样重要而紧迫的工作，那就是“去超建”。去超建是指减少基础设施建设领域的超前建设、超量建设、超大建设和超标建设等“四超”问题。

其中，“超前建设”是指基础设施的过度超前建设。基础设施是国民经济的“先行官”，适度超前建设是必要的，但过度超前建设违背经济发展规律，增加了当下的债务压力。“超量建设”是指部分基础设施的建设数量过多，超过当前和今后一段时期的正常需求，造成较多闲置和浪费。“超大建设”是指基础设施建设的单体规模过大，超过本地的市场需求，以致不能维持基本的盈亏平衡。“超标建设”是指基础设施建设的标准过高，超越经济发展的阶段，也超过了政府和居民的支付能力。“四超”现象在基础设施建设中不同程度地存在，必须引起高度重视。

当然，去超建并不是要否定正常的基础设施建设，而是要减少和控制违背经济发展规律、超越经济发展阶段、超出政府和民众经济承受力的基础设施建设。

在过去多年的需求管理中，投资是经济发展“三驾马车”中的主要马车。而投资主要包括实体经济投资、房地产投资和基础设施建设投资三方面。在疯狂的投资拉动中，实体经济领域出现了产能过剩，房地产领域出现了高库存，基础设施建设领域出现了“四超”问题。针对这些问题，2015 年年底召开的中央经济工作会议强调要“去产能、去库存、去杠杆、降成本、补短板”。在做好以上“三去一降一补”的同时，不要忽视去超建。一则由于许多实体经济与基础设施建设是上下游或配套关系，去超建与去产能相辅相成，许多实体经济的产能过剩是由基础设施建设的超建带来的；二则由于许多房地产与基础设施建设相伴而生，减少超建也可减少新增房地产库存；三则由于去超建有利于去杠杆，只有减少基础设施的“四超”建设才能减少新增债务，缓解存量债务。

基础设施的“四超”问题有着较深的根源，主要与政府主导经济体制和 GDP 导向考核制度有关。在政府主导经济体制下，政府成为经济主体，在增加政绩和财政收入的驱动下，将基础设施建设公共服务当成显示政绩的经济工作，“比学赶帮超”，不顾经济发展阶段和当下经济可承受力，竭力追求基础设施建设的“高大上”。同时，GDP 导向考核制度起到了推波助澜的作用。由于基础设施建设体量大、融资易、带动相关产业的能力强，对 GDP 增长贡献大而快，所以成为很多地方政府追求政绩的首选。而且，基础设施建设既形象突出又易获得当地民众的支持，更是诱导了“四超”。

去超建是一项复杂而紧迫的工作，要注意以下几点：一是要高度重视去超建工作，将它与去产能、去库存、去杠杆协同推进；二是要分类去超建，区分不同行业、不同地区、不同程度的基础设施超建问题，采取针对性措施；三是从根源入手去超建，通过推进政府管理制度、干部考核制度改革等来釜底抽薪；四是要处理好去超建过程中可能引发的人员安置、债务兑付等问题；五是要将去超建与优化基础设施结构结合，加减乘除并举，尽快形成科学合理的基础设施体系。

二、培育增量：重点是推进产业转型升级

（一）培育增量的重点内容

第一，培育新的技术。技术进步是提高全要素生产率的基本途径，也是供给侧改革需要依靠的手段。中国推进产业转型升级离不开技术进步，离不开培育新的技术。因此，“十三五”规划建议对如何培育新技术进行了部署。近期，要重点培育有利于培育新增长点的新技术。

第二，培育新的产业。新的产业是指附加值较高、知识或技术密集、适应技术革命和消费结构升级方向、符合世界绿色低碳潮流、具有国际竞争力的新兴产业。只有把新兴产业培育起来，才能抵消因淘汰落后产能而导致的经济下行压力；否则，如果在淘汰一批落后产能企业的同时没有及时培育新兴产业，就可能造成经济的大起大落。

第三，培育新的业态。新的业态是指新的产业发展形态、新的商业形态等。新的业态也可以提高全要素生产率，也是供给侧改革必须利用的重要力量。当前，我们尤其需要加快培育与移动互联网等新的技术相适应的新的业态。

第四，培育新的区域。在新的形势下，培育一些有竞争力的新区域也是供给侧改革的重要内容。在经济持续下行的背景下，开发

利用那些原先被忽视的新区域，也是培育新增长点的一个途径。更重要的是，要通过改革，大力发展那些具有市场竞争力的城市新区、试验区和示范区等。

第五，培育新的品牌。品牌意味着高附加值，意味着市场竞争力。打造新的品牌，可以使我们在“微笑曲线”中，由过去低附加值的中间加工制造环节，向高附加值的研发、设计、营销和品牌等两端延伸。培育新的品牌，包括培育新的区域品牌、产业品牌、产品品牌和企业品牌等，可使我们在全球分工协作体系中占据更加有利的位置。

第六，培育新的模式。新的模式包括新的发展模式、商业模式和赢利模式等。模式是指资源组合的方式。模式的优化也可以提高生产率，也是供给侧改革要依靠的重要力量。当前，培育新的模式要落实“互联网＋”行动计划，充分利用移动互联网的意识、技术和平台去开展。

（二）产业转型升级是供给管理的重点

1. 推进产业转型升级意义重大

产业转型升级含义丰富，转型和升级各有侧重，转型是指产业从一个领域转到另一个领域，主要表现为由制造业为主转到服务业为主，由高碳产业为主转到低碳产业为主等。升级是指产业由低端升到高端，主要表现为由低附加值产业升到高附加值产业，由劳动或资源密集型产业升到知识或技术密集型产业，由无品牌或小品牌产业升到有品牌或大品牌产业等。产业转型也好，升级也罢，都依赖于制度转型。

当前推进产业转型升级意义重大：一则所谓“中等收入陷阱”主要表现为中等收入阶段的产业转型升级陷阱，中国已进入这一阶段的敏感期，如果不能顺利推进产业转型升级，则有可能陷入其中；二则中国当前面临两大紧迫任务——控风险和寻找新增长点，而产业转型升级是寻找新增长点的不二选择；三则产业转型升级是中国在全球产业分工协作体系中找到自身较佳位置、提升经济国际竞争力的基本途径。

2. 产业转型升级面临新机遇

一则消费结构升级带来机遇。

消费结构升级是有规律的。20 世纪 80 年代主要满足吃穿的需求，所以当时纺织服装和食品加工等行业大发展；进入 20 世纪 90 年代，耐用消费品需求开始凸显出来，于是彩电、冰箱、洗衣机和微波炉等行业大发展；进入 2000 年后，住和行的需求开始凸显，于是房地产和汽车行业获得了大发展。吃穿住行用五大需求都已涉及了，消费结构今后朝哪里升级？当然上述五大基本需求都还没有得到完全满足，还有新的发展空间。目前，新的五大需求正在快速成长，那就是“学乐康安美”，即学习的需求、快乐的需求、健康的需求、安全的需求和美丽的需求。

消费结构开始朝“学乐康安美”方向升级，这对那些与消费结构升级方向相一致的产业来说，就迎来了新的机遇。例如，房地产业就开始由住宅地产、商业地产向文化地产、旅游地产、休闲地产和养老地产等方向升级。

二则工业化进入新阶段带来机遇。

工业化进入到什么新阶段？比较通行的说法是中后期阶段。工业化分为前期、中期和后期，现在是中期向后期过渡的阶段，简称中后期阶段。工业化中后期阶段最主要的特征是重化工业与生产性服务业（含金融业、物流业和信息产业等）相交融发展的阶段。

根据对英、法、德、意、美、日以及东亚“四小龙”等国家和地区历史经验的研究，重化工业阶段一般来说持续时间比较长，多则持续上百年，少则持续三五十年。我国作为后发国家虽然可以发挥后发优势，不需要那么久，但再短也要20年左右。目前我国重化工业阶段已持续了十多年，今后还有十年左右。尽管最近几年重化工业面临很多挑战，但还有部分需求没有得到满足。由于重化工业产业链比较长，对GDP贡献比较大，所以重化工业阶段持续对重化工业及其相关行业的转型升级来说就是一个机遇。

三则城镇化进入新阶段带来机遇。

2015年，我国城镇化率为56.1%。根据国际经验，30%～70%是城镇化的加速阶段，目前我国正处于城镇化加速阶段上半场向下半场过渡的阶段。只有当我国城镇化水平达到70%以后，才能相对稳定下来。这就意味着我国还有十多年城镇化快速发展的时期，还有几亿农民要进城，还有很多现有的农村和一些城市郊区要演化为新的城市、新的城区，意味着还有很多新的产业和消费发展的空间，意味着还有很多基础设施要建设。所以中央将推进新型城镇化作为扩大内需、培育新的经济增长点的重要途径，主要是鉴于我国城镇化还有较大的发展空间，而发达国家的城镇化已经完成，没有这样的空间了。

这里要强调的是，城镇化以什么样的方式推进很重要。如果我们继续按照以往以政府为主导的粗放方式推动，如大规模投资、大拆大建、造城运动和房地产开发等，将很可能带来一系列后遗症。现在中央强调的城镇化是新型城镇化，是人本城镇化、市场城镇化、协调城镇化（与市场化、工业化和农业现代化相协调，大中小城市和小城镇相协调，城镇化与新农村建设相协调）、特色品牌城镇化、集群城镇化、绿色低碳城镇化、智慧或智能城镇化、品质城镇化和人文城镇化等。只有按照以上要求去推进新型城镇化，我国的城镇化才有光明的前景。在推进以上特点的新型城镇化过程中会带来独特的产业转型升级机遇。

四则区域经济一体化快速推进带来机遇。

区域经济一体化意味着区域内部不同地区分工协作的加深，分工协作可以提高效率，提高区域的整体竞争力。亚当·斯密的理论看起来很复杂，在我看来可以用制度、分工、效率和发展四个词来概括，发展取决于效率提高，效率提高取决于分工深化，分工深化取决于制度变革，因此分工协作是提高效率的源泉。正因为如此，现在全国各地都在推进区域经济一体化，如长三角、珠三角、环渤海和成渝经济带等。其他国家的区域经济一体化早已完成了，没有多少这方面的生产率可以释放，而我国的产业转型升级还可以在区域经济一体化进程中分享效率提高的红利。

五则国际产业转移和全球产业链重组带来机遇。

国际产业转移开始呈现新态势，不仅制造业向中国转移，而且服务业和高新技术产业开始呈产业链式地向中国转移，这就为我们承接服务业和高新技术产业转移带来了机遇。同时，长期以来国际产业链高端被发达国家及其跨国公司所占据，我国企业难以进入其中，但在国际金融危机的重创下，部分发达国家不得不将部分产业链的高端让出来，这就为我国企业进入国际部分产业链高端带来了直接的机遇。之所以吉利汽车、三一重工、中海油等企业的重大国际收购行动能够进行，就是这种背景的产物。

六则新一轮全球技术革命带来机遇。

国际经济危机带来很多挑战，但也带来一个重要机遇，那就是催生了新一轮技术革命。这一轮技术革命主要表现在信息技术、智能制造技术和新能源技术等方面。所谓第三次工业革命，主要讲的就是新能源技术与 IT 技术相结合的故事。新一轮技术革命的酝酿，毫无疑问为我们发展与这些技术相适应的产业和产品带来了新的机遇。

3. 产业转型升级面临的问题和障碍

多年来，中国一直在推进产业转型升级或经济结构优化，虽有进步，但实际效果不太理想，主要表现在以下几个方面。

第一，第三产业或服务业发展仍然滞后。虽然 2013 年中国第三产业增加值占 GDP 的比重达到 46.1%，首次超过第二产业占比 43.9%，但仍然低于 2012 年全球服务业增加值 70% 的占比，也低于与中国发展水平相近的中等收入国家 54% 的占比，更低于高收入国家 74% 的占比。同时，中国国内生产总值约相当于全球的 11.3%，制造业在全球的份额已达到 24.2%，而服务业增加值仅相当于全球的7.3%。2012年，中国服务业增加值仅相当于美国的29%，而制造业增加值相当于美国的125%。

第二，高消耗、高污染、高排放的“三高行业”比重偏高。第二产业主要由工业组成，工业中重化工业比重达到70%左右，而重化工业单位产值碳排放量、能源消耗量是服务业的9倍左右，大多数重化工业（如煤炭、石化、钢铁和水泥等）属于典型的“三高行业”。

第三，高附加值的知识或技术密集型产业比重较低，低附加值的劳动或资源密集产业比重较高。2013年，福建省高新技术产业增加值占地区生产总值的比重仅为14.2%，湖北省到2015年按“十二五”规划高新技术产业增加值占生产总值的比重才达到15%，即便是高科技产业发达的深圳市到2015年按规划高新技术产业增加值占全市生产总值的比重也就35%。

第四，品牌产业比重低。如目前几乎所有汽车跨国集团公司都在中国找到了一个或多个合资合作伙伴，带来了70余个品牌，建立了自己的生产销售基地，占据了70%以上的市场。中国汽车企业迄今还缺乏属于自己的知名品牌，到2010年4月全国近500个驰名商标中，汽车品牌的驰名商标仅占4%。

之所以推进产业转型升级不甚理想，主要原因是推进产业转型升级面临如下障碍。

障碍一：财产权和知识产权保护不力，使产业转型升级缺乏动力。产业向高附加值产业或知识技术密集型产业升级，离不开财产权和知识产权的保护，否则企业不愿承担升级带来的风险，而宁愿通过模仿和低水平重复建设求生存。但目前中国对私有财产权和知识产权的保护存在保护意识淡薄、相关法律不健全、多头执法或执法不严等问题，甚至还存在很多企业商标被其他国家抢注的情况。

障碍二：土地制度有利于房地产投机，不利于产业转型升级。目前中国实行的是城乡二元土地制度，城市为土地国有制，农村为土地集体所有制，两种土地所有制之间是不平等的，还没有实现同地同权同价。地方政府利用这一土地制度低价从农村集体获得土地，通过土地整理后再高价卖出去，由此获得巨大的土地差价收入，形成“土地财政”。这种土地制度使得房地产投机盛行，地方政府、企业和投资者都没有心思发展实业，更没有心思冒风险去推进实业领域的产业和产品转型升级。

障碍三：政府职能定位和干部考核制度不利于产业转型升级。现代政府本是服务型政府，其基本职责是为民众提供各种公共服务，对干部应侧重公共服务能力和服务绩效的考核。但目前我国各级政府主要表现为经济型政府，主要职责是抓经济工作，特别是抓招商引资和项目建设等，对干部的考核侧重 GDP 增速、财政收入、工业增加值和固定资产投资等。在此 GDP 导向的政府体制和考核制度下，各级政府主要热衷于产业发展速度的提升、产业发展规模的扩大，而对投入多、风险大、对短期政绩贡献不明显的产业转型升级不感兴趣。

障碍四：价格机制没有理顺，使资源配置没有朝有利于产业转型升级的方向转变。价格是最重要的经济信号，涉及各个主体的成本和收益，引导着资源配置的方向。如果有利于产业转型升级的产品价格能够反映其稀缺性和价值，则资源就会自动向产业转型升级领域流动。但目前有利于产业转型升级产品或服务（如知识产品或服务、生态产品等）的价格形成机制没有真正建立起来，而不利于产业转型升级的要素价格（如土地价格、利率等）则偏高，使得资源大规模向房地产和金融等投机领域聚集。

障碍五：财税金融支持不到位，没有形成对产业转型升级的有效激励。产业和产品转型升级属于“惊险的一跳”，需要大规模投入，存在一定的风险，仅靠企业和市场的自发行为还不够，还需要政府的支持。政府支持产业转型升级最有效的手段是财税金融政策。但目前虽然已针对发展战略性新兴产业等出台了很多财税金融政策，但政策还不完善、不配套，缺乏操作性措施，政策的落实也未到位，特别是减税、风险补偿等方面还有很多工作要做。

4. 产业转型升级的方向

产业转型升级的主要方向表现为以下几个方面。

一是产业高度化或产业服务化。产业从原来主要发展农业，到主要发展制造业，再到主要发展服务业，非农产业或服务业比重不断提高的过程就是产业高度化或产业服务化的过程。这是产业结构升级和经济发展的规律性趋势。

二是产业高端化。所谓产业高端化，就是产业及其产品的附加值不断提高，产业中知识或技术密集型产业的比重不断提高。为什么一定要高端化呢？有两个原因：一是消费者的需求档次提高了，必须要高端化才能满足新的需求；二是“高成本时代”到来了，如果不实现高端化，企业就无法消化这些高成本、实现可持续发展。

三是产业特色化。在全球日趋激烈的市场竞争中，各地和各企业都越来越强调发挥自身的特色优势，在特色中寻找生存之道。依靠自身的特色资源，发展特色优势产业，形成特色竞争力。只有有特色，才能有优势；只有有优势，才能有竞争力；只有有竞争力，才能可持续发展。

四是产业集群化。所谓产业集群化，就是按照产业集群的规律去发展产业。各个相关产业和企业在特定区域内“扎堆”，就形成了产业集群。因为产业集群蕴藏着产业发展的核心秘密，所以凡是产业集群发达的地方，经济也比较发达，否则就不发达。产业集群可以从多方面降低成本，如降低生产成本、营销成本、运输成本、学习成本、信息成本和交易成本等，同时可以产生多方面的效益，如规模经济、范围经济、网络效应和集聚效应等。

五是产业品牌化。所谓产业品牌化，是指在激烈的市场竞争中，品牌产业在整个产业中的比重不断上升。各地和各企业都趋向发展品牌产业、品牌企业、品牌产品、品牌企业家和品牌园区，通过品牌提高附加值，通过品牌提高自身竞争力，通过品牌占据“微笑曲线”两端中的有利位势。

六是产业绿色低碳化。绿色低碳是世界潮流，顺之者昌，逆之者亡。在此潮流下，产业越来越按照资源节约、环境友好和生态文明建设的要求去发展，绿色低碳产业的比重越来越高。

七是产业融合化。所谓产品融合化，是指按照产业链、产业上下游、产业生态的规律发展产业，各个产业之间日益你中有我、我中有你，相互交融。我们之所以将产业分为服务业和制造业等，是为了统计分析的方便，但现实生活中这些行业都是相互交融的。

八是产业信息化。在移动互联网时代，所有的产业和企业都必须信息化，否则将会被淘汰。为此要认真实施“互联网+”国家战略，用移动互联网和物联网等改造提升传统产业，降低信息成本和交易成本。

九是产业国际化。在经济全球化时代，国际产业分工协作日益深化，所有产业和企业都要适应经济全球化趋势的要求，积极主动地参与产业链的全球分工协作，分享全球分工协作的好处。

5. 为产业转型升级创造良好的制度环境

在推进产业结构优化升级过程中，要正确处理好政府与市场的关系，发挥市场在资源配置中的决定性作用，同时更好发挥政府作用，政府既不能“缺位”也不能“越位”和“错位”。政府的主要职能是为产业和企业创造良好的软硬环境，尤其是软环境。具体包括：法治环境，即制定和完善法律、法规和标准，公正司法，严格执法，为企业提供稳定的预期；政务环境，即通过简政放权、转变职能、提高效率、提供一条龙服务和强化服务意识等，为企业提供优质高效的政府服务；政策环境，即制定和完善促进产业结构优化升级的财税、金融、投资、产业、土地、科技和人才等政策，为产业发展提供政策支持；人文环境，即通过文化建设，为企业提供鼓励创业创新、宽容失败、讲究诚信的文化环境。

推进产业转型升级一定要面对问题，铲除障碍，找准方向和路径。目前，各地推进产业转型升级将重点放在政府主导淘汰落后产能和发展战略性新兴产业上。这些当然是很重要的工作，但仅此还远远不够。因为淘汰落后产能不等于形成了先进产能，具体如何发展战略性新兴产业应主要交给企业和市场。真正重要而紧迫的工作是改革阻碍或不利于产业转型升级的财产权制度、知识产权制度、土地制度、行政管理制度、干部考核制度、价格形成机制和财税金融政策等，为产业转型升级创造良好的制度环境和条件。

（三）从“供给侧”寻找发展动力：以汽车业为例

从供给侧“三大发动机”——制度变革、结构优化和要素升级，寻找汽车业发展的动力。

首先，推进汽车产业制度变革。汽车业要理顺国有企业和非国有企业之间的关系，促进二者之间的公平竞争；要加快发展混合所有制企业，完善现代企业制度。政府要转变职能，尊重市场，减少直接干预，简政放权、放管结合、优化服务，科学合理地监管汽车产业发展，提供更好的信息服务等公共服务。

其次，推进汽车产业结构优化。要针对目前汽车产业存在的产业结构、产品结构方面的问题进行优化调整。淘汰和限制低附加值、高消耗、高污染和高排放的产品，大力发展高附加值、技术或知识密集型、绿色低碳以及具有国际竞争力的产品。同时，还要在遵循经济规律的基础上优化区域空间布局，推进产业集群发展等。

再次，推进汽车产业要素升级。比如推进技术改造和技术进步，特别是绿色、低碳、智能的新能源汽车的技术进步，提升企业人力资本，推进信息化发展。

（四）做好煤炭主产区的转型升级工作

随着工业化由资源能源密集型重化工业阶段开始进入知识技术密集型重化工业新阶段，煤炭主要产区遇到前所未有的挑战。随着中国经济增速的换挡，部分省区经济下行较快，如东北三省、山西、河北、内蒙古和陕西等。这些省区的一个共同特点是属于资源富集区，重化工业比重较高，其中大多是煤炭的主要产区。

2000年以来，中国工业化进入重化工业阶段，煤炭产业一度迎来了黄金发展时期。但近年来，随着工业化由资源能源密集型重化工业阶段开始进入知识技术密集型重化工业新阶段，煤炭产业发展的高峰期已过，煤炭主要产区遇到了前所未有的挑战。据中煤协数据，目前煤炭产能过剩达15亿吨以上。其中，山西、内蒙古和陕西等煤炭大省的情况尤甚。

这种形势为煤炭主要产区带来了多方面的挑战：一是引发地区投资和消费增速下降，经济增速下行；二是政府财政收入大幅减少，如某煤炭大省2015年1～7月煤炭行业企业所得税、增值税、营业税减少36.4亿元，使得全省财政收入出现了较大幅度的负增长；三是债务增加，资金链紧张，金融风险累积；四是就业岗位减少，越来越多的煤炭企业职工处于轮岗、待岗和下岗状态，社会稳定压力加大；五是央企地方矛盾、政企矛盾凸显，如个别央企利用垄断优势过多降价，使地方煤企雪上加霜；六是资金紧张导致发展接续产业受阻。

出路何在？一方面，痛下决心摆脱旧的发展方式，抓紧淘汰落后产能。淘汰旧的会有阵痛，但别无选择。另一方面，加快培育新的动力和增长点，特别是要推进产业转型升级。具体来说，需要地方和中央两个层面的共同努力。

从地方层面来看，必须采取以下措施。首先，合理控制煤炭产量，推进产能置换，将资源枯竭矿井和资源整合矿井的产能置换到园区大型现代化矿井上，实现产能合理利用。其次，推进煤炭产业向高端、清洁、绿色、低碳方向转型升级。为此要努力建设煤炭科技创新体系，着力抓好高效低碳煤炭技术研发推广和重点项目科技攻关，推进煤炭高新技术产业化。再次，延伸煤炭产业链。为此要大力发展清洁煤、煤层气产业，建设煤电基地、现代煤化工基地，开发煤炭伴生资源，发展煤炭服务产业。

从中央层面来看，需要重点制定以下政策。第一，制定资金支持的政策。如区分情况、有保有压，加大对技术装备水平高、抗风险能力强企业的信贷支持力度；加大就业专项资金的转移支出力度；探索设立煤炭资源型城市转产援助基金、煤炭开采区生态环境补偿专项资金；制定和完善国有煤炭企业资源开采权价款转增国家资本金政策；支持煤炭企业开展银行间债券市场融资。第二，制定降低成本的政策。如适当下调煤炭增值税率，扩大进项税抵扣范围；推进煤炭产区与铁路部门建立协商定价机制，适当降低煤炭铁路运费和港口费用，推广煤炭集装箱运输，降低物流成本；加快建立煤矿落后产能退出机制和分离企业办社会职能，减轻企业负担。第三，制定协调矛盾的政策。如设立煤炭销售最低保护价；鼓励大型电力企业与煤炭企业签订煤炭购销中长期协议；合理确定各地的产能限制指标，推进产能指标的市场化调剂；支持重点产区的外送电通道建设；降低煤炭出口关税、取消出口配额限制，鼓励煤炭出口，加大对低质煤炭进口的调控。

（五）推进产业园区的转型升级

第一，园区产业高端化，即在园区发展高附加值产业或知识和技术密集型产业。之所以要高端化？一方面是因为消费结构在升级，不高端化就无法满足市场的需要；另一方面“高成本时代”悄然到来，不高端化就消化不了一系列高成本。

第二，园区特色化，即依靠园区的特色资源，发展特色优势产业，形成特色竞争力。只有有特色，才能形成竞争优势。只有有竞争优势，才能形成市场竞争力。只有有市场竞争力，才能实现可持续发展。

第三，园区集群化。产业集群反映了产业发展的核心奥秘。产业集群可以降低生产成本、营销成本、信息成本、学习成本和交易成本等，可以产生规模经济、范围经济、网络效应和集聚效应等。如何推进园区的集群化？一要善于培育和引进产业集群“种子企业”，通过种子企业开花、生根、结果，形成一片产业集群；二要高度重视行业组织的作用，因为行业组织非常有利于产业集群的发展；三要高度重视园区中小企业的分工协作关系。

第四，园区品牌化。品牌意味着高附加值，品牌意味着竞争力。因而要大力发展品牌园区、品牌企业、品牌产品和品牌企业家。与企业一样，园区也需要塑造独特的品牌，而不能都是地名加高新技术开发区或经济技术开发区之类。

第五，园区绿色低碳化，即要发展资源节约型、环境友好型、符合生态文明建设要求的园区。绿色低碳是世界潮流，浩浩荡荡，顺之者昌，逆之者亡。所以在园区发展过程中，一定要发展绿色低碳建筑和绿色低碳基础设施等。

第六，园区信息化。信息化的威力已为全社会所知。园区本身、园区内所有的产业、企业都必须信息化，舍此别无他途。特别是要利用“互联网 +”的政策机遇，加快推进园区信息化。

第七，园区城区化，即推进产城融合。在园区中仅有工业、工厂是没有生命力的，一定要形成多种产业的协调，一定要有较好生活设施的配套。

第八，园区市场化。要按照十八届三中全会的要求，发挥市场在资源配置中的决定性作用，主要依靠企业进行招商引资和项目建设。园区工委和管委会要简政放权，重点为企业创造良好的环境，包括基础设施环境、生活设施环境、生态环境和要素交易环境等硬环境，以及法治环境、政务环境、政策环境和人文环境等软环境。

第九，园区人本化。首先要满足人，满足顾客、员工的各种需要。其次要依靠人，调动每个人的积极性和创造性，挖掘每一个人的潜力。

三、降成本：应对“高成本时代”带来的挑战

改革开放以来，“低成本竞争优势”一直是中国产品在国际市场上的有力武器，但在不经意间中国经济已进入“高成本时代”，生产要素成本全面上升，节能减排成本增加，交易成本也有所增加，这些都对经济发展带来了巨大的挑战。

“高成本时代”的到来带来了一系列挑战：大量中小企业面临生存压力，许多高消耗、高排放行业面临转型升级压力，出口行业和产品面临国际竞争压力，现有发展模式面临转型压力。如何深刻认识经济发展环境的变化、积极应对“高成本时代”的挑战，是我国当前必须解决的重大课题。

为了积极应对“高成本时代”挑战，必须采取推进产业升级、实施创新驱动、深化体制改革、开拓国际低成本要素来源渠道等对策。

（一）“高成本时代”悄然来临

1. 生产要素成本全面上升

一是土地成本上升。近年来，随着工业化、城镇化的快速推进，我国耕地面积不断减少，从 2001 年的 13 004 万公顷减少到 2010 年的 12 172 万公顷，占总面积的比例从 13.54% 减少到 12.68%。针对

土地严重短缺的现状，我国建立了严格的土地管理制度。全国主要城市地价总体水平从2005年第一季度的1 212元/平方米上升到2011年第四季度的3 049元/平方米，商业、居住、工业地价水平分别从2005年第一季度的2 006元/平方米、1 184元/平方米和482元/平方米上升到2011年第四季度的5 654元/平方米、4 518元/平方米和652元/平方米，大多增加了2~3倍。

二是原材料成本增加。随着我国加工制造业的迅速发展，原材料需求不断增加，价格不断上涨。原材料购进价格指数数据显示，除2002年和2009年外，原材料购进价格指数在2001~2010年间每年都较上年同期增加。其中，黑色金属材料和有色金属材料购进价格指数增加幅度尤其明显，前者在2004年、2008年较上年同期分别增长20.4%、18.4%，后者在2004年、2006年、2010年较上年同期分别增长20.1%、30.8%、22.2%。

三是能源成本上升。国际油价已从2004年的30美元/桶上升到2011年的120美元/桶。2011年以来，全国煤炭价格高位波动。受多重因素影响，2011年4、5月份局部地区电煤市场出现偏紧现象，2011年7、8月份市场价格高位回落，自2011年9月份开始煤炭市场再次呈现市场资源偏紧、价格上升趋势，之后维持高位稳定状态。2011年部分城市天然气价格有所上调，部分地区的车用天然气价格也有所上涨。中电联在《2012年全国电力供需形势分析预测报告》中认为，电煤矛盾仍然突出，电煤价格仍将高位运行。

四是劳动力成本上升。我国职工工资水平经历了一个大幅提升的过程。2001年，我国城镇单位就业人员平均工资为10 834元。如果不考虑价格因素，2010 年我国城镇单位就业人员平均工资为 36 539 元，是 2001 年的 3.4 倍，年均增长 10.1%，高于同期物价增长速度。2005 年部分地方开始出现“民工荒”。2007 年颁布的《劳动合同法》和 2010 年实施的《社会保险法》进一步提高了劳动力成本。2011 年全国共有 24 个省份调高了最低工资标准，平均增幅为 22%，这都导致了劳动力成本的快速上升。

五是资金成本提高。近几年来，中国人民银行连续 12 次上调存款准备金率至 21.5% 的历史高点，虽然 2011 年年底开始连续两次下调了 0.5 个百分点，但仍处于 20.5% 的高位。这导致资金供给偏紧，推高了资金成本。同时自 2008 年 12 月 23 日以来连续五次上调贷款利率，其中短期（6 个月内、6 个月至 1 年）贷款利率分别从 4.86%、5.31% 上调至 6.10%、6.56%，中长期（1～3 年、3～5 年、5 年以上）贷款利率分别从 5.40%、5.76%、5.94% 上调至 6.65%、6.90%、7.05%。民间融资成本则更高，担保公司在给中小企业融资时，在有抵押物的情况下，年利率都高达本金的 20%；如果抵押物不足，年利率可高达本金的 50%～60%，甚至更高。

2. 节能减排成本与日俱增

一是资源节约成本增加。为了提高节能效果，许多地方增加了中央空调系统、节能环保公交车、太阳能路灯、风光互补路灯等节能设施，导致成本增加。据专家测算，每一盏风光互补路灯系统 LED 路灯即使按照现在太阳能电池板的价格计算，成本大约在 2.5 万元。为了应对国际大宗商品价格波动对我国经济带来的影响，国土资源部计划建立重要能源资源储备体系，加大资源能源的储备力度，这也会增加成本。为了解决资源节约问题，使用洁净煤、天然气替代燃料油，也助推成本增加。经初步测算，实现 1 600 万吨节约和替代燃料油的目标，需投入资金几百亿元。

二是环境保护成本上升。一方面是环保投入成本增加，2010 年，我国环境污染治理投资为 6 654. 2 亿元，比上年增加 47. 0%，占当年 GDP 的 1. 67%。其中，城市环境基础设施建设投资 4224. 2 亿元，比上年增加 68. 2%；建设项目“三同时”环保投资 2033. 0 亿元，比上年增加 47. 0%。另一方面是企业环保投入成本里隐含着“机会成本”，随着环境保护要求越来越严格，企业环保机会成本增加。

三是生态建设成本有所增加。为了完成建设“两型社会”的目标任务，一方面通过防护林工程、生物固沙、封山育林、退耕还林、退耕还湖和退耕还牧等方式进行生态建设，另一方面对生物多样性、自然景观保护等生态系统进行维护，这些都需要巨大的投入。截至 2010 年年底，全国已建立各种类型、不同级别的自然保护区 2 588 个，保护区总面积约 14 944 万公顷，陆地自然保护区面积约占国土面积的 14. 9%。其中，国家级自然保护区 319 个，面积 9 267. 56 万公顷。这两方面的巨大投入都推动了生态建设成本的增加。

3. 交易成本不断增加

在物流成本方面。据国家统计局、中国物流与采购联合会共同发布的《2011 年全国物流运行情况通报》显示，2010 年中国物流总费用占 GDP 比重约 18%，比发达国家高出一倍，过高的物流成本导致我国不少商品价格偏高。

在税费成本方面。自 1994 年税制改革以来，我国税收收入每年以两位数的增长率增长。2011 年，全国税收收入完成 95 729 亿元，国内增值税、消费税、营业税分别增长 13.6%、15.1%、22.6%，企业所得税增长 34.7%。企业涉税种类多，税负重。部分小微企业缴税总额高于净利润。个别税种设置不合理，存在重复征收现象。据粗略统计，目前向中小企业征收行政性收费的部门就有 18 个，收费项目达 69 个大类。

在知识产权保护和购买成本方面。一方面是美国等强调知识产权保护，如美国应用最为广泛的著名统计分析软件 SAS，租用一年的费用高达 24 万元人民币，高额的国外软件系统购买成本增加了我国企业的成本。另一方面是我国为了推进自主创新也需加强知识产权保护，一些企业增加了自主创新投入，并积极申请专利、购买专利，增加了知识产权保护和购买的成本。

除此之外，信用风险大、信息透明度不高等增加了交易成本。有调查数据显示，60% 的债务人是有意拖欠货款，信用风险成为企业面临的仅次于投资风险的第二大经营风险。

（二）企业“高成本”之困

“高成本时代”带来的巨大挑战使大量中小企业面临生存压力，许多高消耗、高排放行业面临转型升级压力，出口行业和产品面临国际竞争压力，现有的发展模式面临巨大的转型压力。

首先，大量中小企业面临生存压力。在生产要素成本全面上升、节能减排压力加大、交易成本较高等多方面的影响下，广大中小企业面临巨大的生存压力，特别是营业收入在 2 000 万元以下、员工人数在200人以下的中小企业更是如此。

目前，中小企业赢利主要靠三个基本途径：一是提高产品销售价格；二是通过技术创新开拓“蓝海”（未知的附加值较高的新兴产业或市场），提高产品附加值；三是降低成本。而提高产品销售价格必须为市场所认可，否则只会减少销量、降低利润。因此，企业要想获得利润只有降低成本，而前述各类成本大多是由企业外部因素决定的，企业必须承担。这些成本的全面上升将大大挤压企业的赢利空间，那些对成本上升敏感的企业面临的是生死存亡的考验。

其次，许多高消耗、高排放行业面临转型升级压力。受生产要素价格持续上涨、节能减排成本不断增加的影响，钢铁、铜、铝、铅锌、水泥、电力、电石、焦炭和铁合金等高消耗、高排放行业面临巨大的转型升级压力。

应该看到，一方面，这些行业消耗原材料、能源较多，占用土地较多且资金密集，如前所述所有这些生产要素的价格普遍存在上涨趋势；另一方面，这些行业大多是污染排放大户，节能减排任务很重，节能减排成本上升对其带来了直接的挑战。在这种情况下，这些行业的唯一出路就是转型升级。转型升级对那些市场需求较大、自身竞争力较强的行业来说是一个凤凰涅槃的过程，而对那些市场需求有限、自身竞争力较弱的行业来说则是生死存亡的考验。

再次，出口行业和产品面临国际竞争压力。改革开放以来，由于我国拥有低劳动力成本、低土地成本、低原材料成本、低能源成本、低环保成本和低资金成本等一系列低成本竞争优势，我国的制造业产品在国际市场上“所向披靡”，以至于成就了“全球制造业中心”或“世界工厂”的美名。但是，随着国际金融危机的爆发和“高成本时代”的到来，我国的出口行业和产品面临双重挑战和压力：一方面，外需下降，“贸易保护主义”重新抬头，针对中国出口产品的反倾销和制裁增加，出口受到巨大的影响；另一方面，中国的低成本竞争优势逐渐丧失，其他新兴经济体和发展中国家（如印度、越南等）的低成本竞争优势相对凸显，一些外商开始将投资从中国转向这些具有更低成本的国家。因此，中国出口行业和产品面临越来越大的国际竞争压力。

最后，现有的发展模式面临巨大的转型压力。中国现有发展模式的主要特征为高出口、高投资、高消耗、高排放、低进口、低消费、低效率和低附加值等，这种模式是建立在低成本竞争优势基础之上的。正因为拥有低成本竞争优势，才使得高速的粗放增长成为可能。但随着低成本竞争优势逐渐减少，资源约束开始加重，能源供需矛盾突出，生产要素价格上涨，节能减排压力加大，通货膨胀压力增加，劳动力供应出现“刘易斯拐点”，交易成本上升，这些都使得依托在低成本竞争优势上的现有发展模式难以为继。“高成本时代”的到来，使得转型现有发展模式或转变经济发展方式成为迫在眉睫的任务。

（三）应对“高成本时代”的挑战

加快推进产业升级，开拓“蓝海”，实施创新驱动战略，提高国际竞争力，深化体制改革，降低交易成本，拓宽视野，寻找低成本要素新来源。笔者认为，应该从以下四个方面来积极应对上述挑战。

其一，深化体制改革，降低制度性交易成本等成本。

生产要素成本和节能减排成本上升大多有其必然性和合理性，政府在降低这两类成本方面能施展的空间有限，但在降低制度性交易成本方面则大有可为、潜力较大。降低制度性交易成本的基本途径是深化改革。第一，政府可以通过深化流通体制改革和路桥等收费制度改革，合理确定收费期限和标准，降低企业和民众的物流成本和通行成本。第二，加快推进税费制度改革，下决心降低企业和个人的税费负担。第三，在加强知识产权保护的同时，尽可能降低各个环节的收费，为知识产权购买者提供补贴和优惠，降低知识产权保护和购买成本。第四，坚决打击向企业吃拿卡要的违规腐败行为，减少行政审批，提高政府工作效率，建设诚信社会，降低企业和个人的其他无形交易成本。

其二，加快推进产业升级，开拓“蓝海”。

原有的较低附加值的产业已难以消化上述不断升高的各种成本，出路在于加快推进产业升级，大力发展技术或知识密集型的高附加值产业，开拓“蓝海”。加快推进产业升级，政府应做好如下工作：一是针对不同行业特点，出台各主要行业促进产业升级的指导意见；二是修改完善《产业结构调整指导目录》，从产业升级角度考虑增加更多内容；三是有关部门可以选择一些有代表性的地区或行业开展产业升级试点，为其他地区或行业提供典型示范；四是有关部门可以建立一个全国产业升级项目数据库，为企业投资决策提供信息服务。

其三，实施创新驱动战略，提高国际竞争力。

产业升级需要要素升级来支撑，因此必须实施创新驱动战略，推进要素升级，提高国际竞争力。要素升级包括技术进步、人力资本增加和信息化等。在推进要素升级、实施创新驱动方面，政府应采取如下措施：首先，围绕产业升级的方向，加大对相关技术研发和推广应用的投入和支持力度，对重大共性技术组织联合攻关，对推广应用给予政策扶持；其次，在全国范围内通过多种形式组织针对产业升级的人才和技术工人大培训，并大力引进相关领域的高端人才，并给其相应待遇；最后，建立全国性分行业、分区域的产业升级信息网络，为产业升级相关行业、企业和人员提供信息服务。

其四，拓宽视野，寻找低成本要素新来源。

在国内生产要素成本上升的情况下，如果我们将视野放宽一些，还可以在国际上寻找低成本要素的新来源。因此，我们可以采取如下措施：一是利用国际经济危机带来的国际经济格局调整机会，加快“走出去”的步伐，特别是开展一些收购兼并活动，通过其他国家的企业利用当地的低成本生产要素组织生产；二是充分发挥我国建设产业园区的经验，到要素成本更低的发展中国家去合作建设产业园区，利用当地的低成本生产要素加工制造中国品牌的产品；三是加快培育中国主导的跨国公司，通过跨国公司的全球生产网络，利用其他国家的低成本生产要素生产。

四、补短板：重点补好生态和农村贫困短板

2015 年年底的中央经济工作会议提到的“补短板”内容包括生态建设、精准扶贫、培育发展新产业、基础设施建设、人力资本投

资和农村发展等。

（一）补好生态短板

我国生态环境的短板主要表现为：一是大气、水、土壤等污染比较严重；二是资源能源的利用率比较低，能源结构不够合理，煤炭消费占整体能源消费的比例较高；三是生态退化较为严重，比如沙漠化、水土流失等。

建设生态文明的重点是从源头控制和减少资源能源消耗和环境污染排放，要做到这一点就必须提高全要素生产率，而提高全要素生产率正是供给侧改革的要义。供给侧改革包括所有可以提高效率的改革，可分为针对主体的改革（如创业就业制度改革、国有企业改革、垄断行业改革、政府机构改革、行政审批制度改革和干部考核制度改革等）、针对要素的改革（如土地制度改革、资源产权制度改革、金融制度改革、环境制度改革、科技制度改革、教育人才制度改革和信息管理制度改革等）以及针对结构的改革（如户籍制度改革、城乡差别福利制度改革、养老和医疗卫生制度改革、价格制度改革等）。

首先，推进针对主体的改革，推动生态文明建设。生态文明建设需要全社会各个主体的共同行动，如果每个主体都能采取节约资源、治理环境、爱护生态的行动，则生态文明建设必成。而要调动各主体建设生态文明的积极性，一方面要制定激励政策，另一方面要推进各主体自身的改革，消除其浪费资源、破坏环境的制度根源。改革重点是国有企业改革和政府改革。对国有企业来说，要通过混合所有制改革、国有资产管理体制改革、国有资产收益分配制度改革、公司治理制度改革、人事制度改革、垄断行业准入制度改革和资源能源价格改革等，减少和抑制垄断，促进市场公平竞争，优化资源配置，减少资源消耗和浪费，促进生态文明建设。对政府来说，要通过以“简政放权、放管结合、优化服务”等为重点的行政管理制度改革、政府机构改革、审批制度改革、商事制度改革、干部考核制度改革等，转变职能，精简机构和人员，强化公共服务，减少对市场的直接干预，降低企业成本，激发企业创新活力，提高政府效率，减少企业和政府对资源环境的依赖，促进生态文明建设。

其次，推进针对生产要素的改革，推动生态文明建设。供给侧也就是生产侧，总供给可以用生产函数来表示，产量由生产要素投入和全要素生产率共同决定，全要素生产率又由制度变革、结构优化和要素升级（或改革、转型、创新）“三大发动机”决定。其中，要素投入是指劳动、资本、土地、资源、环境、企业家才能等生产要素“量的增加”，要素升级是指生产要素“质的提升”，包括技术进步、人力资本提升、知识增长和信息化等。必须强调的是，好环境是一种容易被忽视的重要生产要素。为此，要重点推进如下针对要素有效投入和要素升级的改革，特别是符合供给侧改革要义的促进要素升级方面的改革：通过推进科技制度改革，优化科技资源配置，调动科研人员积极性，提高经济对科技的依赖性，减少经济对资源环境的依赖性，促进绿色低碳技术的进步和绿色低碳产业的发展；通过推进教育人才制度改革，不断提高全民素质，增加人力资本，实现人才各得其所、各尽其才，提高劳动生产率，降低资源能源消耗率；通过金融制度改革，减少货币超发，优化资金配置，降低企业融资成本，发展绿色金融；通过土地制度改革，抑制土地财政，优化土地资源配置，减少土地浪费，提高土地利用效率；通过资源产权制度改革，明确资源保护主体和责任，避免“公地悲剧”，减少资源消耗和浪费；通过环境制度改革，明确环境治理和生态建设主体和责任，划定生态红线，推进生态环境产品交易，遏制环境污染恶化趋势。

再次，推进针对结构的改革，推动生态文明建设。供给侧改革的要义是提高效率，而提高效率的“三大发动机”中有结构优化这一发动机。结构优化是指新型工业化、新型城镇化、区域经济一体化和国际化等。结构优化可以提高效率、减少资源能源消耗和环境污染，如推进新型城镇化，可以使农民从较低效率的农业和农村转移到较高效率的非农产业和城市，由于城镇具有规模经济和聚集效应，可以集中分享基础设施和公共服务，可以集中治污等，因而可以从总体上提高国民经济的运行效率，减少单位 GDP 的资源能源消耗和环境污染。区域经济一体化则意味着区域分工协作的深化，根据经济学的基本原理，分工协作加深可以极大地提高效率，达到节约资源、保护环境的效果。阻碍结构优化的制度很多，如户籍制度、城乡差别福利保障制度、城乡不统一土地制度和行政区划制度等。因此，必须加快推进户籍制度改革，消除人口自由流动的障碍，推进农民市民化，使更多农民分享现代城市文明；加快推进城乡差别福利保障制度改革，尽快形成城乡统一的养老、医疗卫生、低保、公共服务等制度；加快推进土地制度改革，建设城乡统一的建设用地市场，保障农民土地权益，优化土地资源配置；推进行政区划制度改革，如推进省直管县、大镇改革等，减少管理层级，实现责权利对称。通过这些针对结构的改革，以促进结构优化，提高效率，减少资源消耗和环境污染，推进生态文明建设。

（二）补好农村贫困短板

农村是中国二元社会结构中的短板，农村贫困则是短板中的短板。十八届五中全会审议通过的《中共中央关于制定国民经济和社会发展第十三个五年规划的建议》（以下简称“建议”）明确要实施脱贫攻坚工程，作为“十三五”时期的重要任务。

按照2014年可变价每人每年低于2 800元的国内贫困标准计算，根据2014年国家统计局的统计监测公报数，我国还有7 017万现行标准下的贫困人口。根据《建议》，2020年我国要全面建成小康社会，就必须实现全部脱贫，现仅剩下6年时间，平均每年要减贫1 170万人口，平均每月要减贫100万人口，时间非常紧迫，任务非常艰巨。

农村贫困人口脱贫是全面建成小康社会最艰巨的任务。必须充分发挥政治优势和制度优势，坚决打赢脱贫攻坚战。实施脱贫攻坚工程，实施精准扶贫、精准脱贫，分类扶持贫困家庭，探索对贫困人口实行资产收益扶持制度，实施资产收益扶持制度，实行脱贫工作责任制。

7 017万贫困人口要一个一个地解决，只有这样才能全面建成小康社会。全面脱贫要多途径进行：第一，产业脱贫，即通过发展农村产业，解决贫困人口的就业问题，解决其中的3000万人脱贫；第二，转移就业脱贫，即将贫困农村的富余劳动力转移到更为发达的地区就业，解决其中的1000万人脱贫；第三，异地搬迁脱贫，即将那些区位条件差、交通落后、生态环境恶劣的贫困农村居民整体搬迁移民到经济条件较好的地区，解决其中的1000万人脱贫；第四，社保政策兜底脱贫，即通过社会福利保障等措施，将其余2000万贫困人口全部脱贫。

五、配套政策：十方面工作重点转变和五大政策支柱

2015年年底的中央经济工作会议明确了推进供给侧改革的配套政策。

（一）十方面工作重点转变

推进供给侧改革，引领经济发展新常态，要努力实现如下十个方面工作重点的转变。

第一，推动经济发展，要更加注重提高发展质量和效益。也就是说，要由原来的规模速度型经济增长转为质量效益型经济发展。通过供给侧改革，提高全要素生产率，实现经济健康可持续发展。

第二，稳定经济增长，要更加注重供给侧结构性改革。也就是说，要由原来的主要依靠出口、投资和消费“三驾马车”稳增长，转为主要依靠制度变革、结构优化和要素升级（或改革、转型和创新）“三大发动机”特别是供给侧改革稳增长，实现经济增长动力

的转换。

第三，实施宏观调控，要更加注重引导市场行为和社会心理预期。也就是说，要由原来主要考虑 GDP 增速、工业增加值、就业率、利率、汇率和财政收入等宏观变量的变化，转为更加注重企业和居民等微观主体的行为和心理预期，将宏观调控建立在坚实的微观基础上。

第四，调整产业结构，要更加注重加减乘除并举。也就是说，要将原来的调整产业结构主要是做培育新兴产业的加法，转为同时做好培育新产业加法、淘汰落后过剩产业减法、创新驱动乘法、限制管制和垄断除法，以加快产业结构的调整。

第五，推进城镇化，要更加注重以人为核心。也就是说，要由原来的推进城镇化主要是进行基础设施建设和房地产开发等“物的城镇化”，转为重点推进以农民市民化为核心的“人的城镇化”，不断提高户籍人口城镇化水平。

第六，促进区域发展，要更加注重人口经济和资源环境空间均衡。也就是说，要由原来的促进区域发展主要是促进区域经济发展，转为同时协调地促进区域的经济发展、社会发展、绿色发展，以使人口和生产要素在空间上更加合理地布局。

第七，保护生态环境，要更加注重促进形成绿色生产方式和消费方式。也就是说，要由原来的保护生态环境主要是事后节约资源、治理污染和建设生态，转为事前形成绿色的生产方式和消费方式，从源头解决问题。

第八，保障改善民生，要更加注重对特定人群特殊困难的精准帮扶。也就是说，要由原来的“撒胡椒面”式的低效扶贫，转为有针对性的精准扶贫，以提高扶贫效率，确保2020年实现7 017万贫困人口的全部脱贫任务。

第九，进行资源配置，要更加注重使市场在资源配置中起决定性作用。也就是说，要由原来的过分强调政府在资源配置中的决定性作用，转为主要强调市场在资源配置中的决定性作用，以尽快建成社会主义市场经济体制。

第十，扩大对外开放，要更加注重推进高水平双向开放。也就是说，要由原来的对外开放主要是将产品卖出去、资金引进来，转为将投资和产能也走出去、将技术和人才也引进来，以将对外开放提高到一个新水平。

（二）五大政策支柱

推进供给侧改革，要实施相互配合的五大政策支柱。

第一，宏观政策要稳，就是要为供给侧改革营造稳定的宏观经济环境。积极的财政政策要加大力度，实行减税政策，阶段性提高财政赤字率，在适当增加必要的财政支出和政府投资的同时，主要用于弥补降税带来的财政减收，保障政府应该承担的支出责任。稳健的货币政策要灵活适度，为供给侧改革营造适宜的货币金融环境，降低融资成本，保持流动性合理充裕和社会融资总量适度增长，扩大直接融资比重，优化信贷结构，完善汇率形成机制。

第二，产业政策要准，就是要准确定位供给侧改革方向。要推进农业现代化、加快制造强国建设、加快服务业发展、提高基础设施网络化水平等，推动形成新的增长点。要坚持创新驱动，注重激活存量，着力补齐短板，加快绿色发展，发展实体经济。

第三，微观政策要活，就是要完善市场环境、激发企业活力和消费者潜力。要做好为企业服务工作，在制度上、政策上营造宽松的市场经营和投资环境，鼓励和支持各种所有制企业创新发展，保护各种所有制企业产权和合法利益，提高企业投资信心，改善企业市场预期。要营造商品自由流动、平等交换的市场环境，破除市场壁垒和地方保护。要提高有效供给能力，通过创造新供给、提高供给质量，扩大消费需求。

第四，改革政策要实，就是要加大力度推动改革落地。要完善落实机制，把握好改革试点，加强统筹协调，调动地方积极性，允许地方进行差别化探索，发挥基层首创精神。要敢于啃硬骨头、敢于涉险滩，抓好改革举措落地工作，使改革不断见到实效，使群众有更多获得感。

第五，社会政策要托底，就是要守住民生底线。要更好地发挥社会保障的社会稳定器作用，把重点放在兜底上，保障群众基本生活，保障基本公共服务。

六、地方对策：地方政府如何做好供给管理

对各级地方政府来说，一方面要按照前述一般性或普适性思路推进供给侧改革和供给管理，另一方面要结合本地特点做好针对性

工作。

地方政府的供给侧改革重点在：推进针对主体的改革——行政管理制度改革、行政区划制度改革、干部考核制度改革、国有企业改革和创业就业制度改革等；推进针对生产要素的改革——土地制度改革、户籍制度改革、投融资制度改革、科教制度改革和生态制度改革等；推进针对结构的改革——财税制度改革、福利保障制度改革和医疗卫生制度改革等。对这些改革，地方政府一方面要按照中央的统一部署予以推进，另一方面要结合本地特点在部分改革领域进行先行探索或试点试验。

地方政府的供给管理更为具体而艰巨，做好地方的供给管理可主要从如下几个方面进行。

第一，认清新形势。就是要认清国际环境已发生重大变化，要认清国内高速增长时代已结束、开始进入中高速增长阶段，要认清产业发展和区域发展已呈现新的趋势和特点，要认清经济结构调整、绿色低碳发展和制度环境变化等已不可避免。

第二，抓住新机遇。就是要紧紧抓住消费结构向“学乐康安美”升级带来的新机遇，抓住工业化进入到重化工业阶段下半场带来的新机遇，抓住城镇化进入到加速阶段下半场带来的新机遇，抓住区域经济一体化快速推进带来的新机遇，抓住新一轮全球技术革命和产业革命正在酝酿和突破带来的新机遇，抓住供给侧改革和全面改革推进带来的新机遇，抓住供给侧改革过程中产业结构调整带来的新机遇等。

第三，迎接新挑战。就是要迎接经济继续下行探底带来的新挑战，迎接结构调整阵痛带来的新挑战，迎接供给侧改革过程中权益格局调整带来的新挑战，迎接“高成本时代”悄然到来带来的新挑战，迎接资源环境压力加大带来的新挑战，迎接去产能、去库存、去杠杆压力加大带来的新挑战等。

第四，找准新定位。就是要根据新的形势和政策环境，根据本地的优势，找准新的总体定位，找准新的经济功能定位、政治功能定位、文化功能定位、生态功能定位和制度创新功能定位，找准新的现代产业体系定位尤其是其中的主导产业定位，找准新的空间布局定位，找准新的品牌形象定位，找准新的发展模式定位，找准新的运行机制定位等。

第五，理清新思路。就是要按照十八届五中全会提出的创新发展、协调发展、绿色发展、开放发展和共享发展的要求，理清本地发展的新思路；按照 2015 年年底中央经济工作会议提出的“去产能、去库存、去杠杆、降成本、补短板”要求，理清本地的供给管理新思路。

第六，培育新动力。就是要按照供给侧改革和供给管理的要求，积极培育创新型企业、创客、创新型城市、区域创新中心等新主体，尽快将经济增长动力从“三驾马车”转向制度变革、结构优化、要素升级（或改革、转型、创新）“三大发动机”。需求动力结构内部也要有原来主要依靠外需转向主要依靠内需，由原来主要依靠投资转向主要依靠消费，由原来主要依靠政府投资转向主要依靠社会投资。

第七，发展新产业。就是要一方面尽快淘汰产能过剩产业、低附加值产业、高消耗高污染高排放产业、不符合消费结构升级方向的产业、没有市场竞争力的产业；另一方面要加快培育高附加值产业、知识或技术密集型产业、绿色低碳循环产业、符合消费结构升级方向的产业以及具有市场竞争力的产业等。

第八，优化新空间。就是要优化战略空间布局或域外空间布局（本地与周边地区的空间分工协作关系，如融入区域一体化进程、参与城市群或城市带建设等），优化本地总体空间布局，优化人口空间布局，优化产业空间布局，优化基础设施空间布局，优化城区功能区空间布局等。

第九，创造新环境。就是要努力为企业和居民创造良好的硬环境，如基础设施环境、生活设施环境、生态环境、园区环境、产业配套环境和要素市场环境；要创造良好的软环境，如法治环境、政务环境、政策环境和人文环境等；要通过供给侧改革降低企业的制度性交易成本、税费成本、财务成本、电力成本和物流成本等。

第十，提供新服务。就是要为企业和居民提供良好的信息服务、融资服务、培训服务、产权保护服务、环保服务和市场秩序维护服务等公共服务。

小结

【去产能、去库存、去杠杆不是供给侧改革本身】去产能、去库存、去杠杆是供给管理，供给侧改革是针对产能过剩、库存高、杠杆率高的体制性原因而推进的改革，改革一定是改制度体制等。如果将去产能当成供给侧改革本身，相当于抓了表象而忽视了根源，有可能耽误真正的供给侧改革，如财税、产权、垄断和管制等改革。

【当前最重要的事是做好减法】过去加法做多了，中国现在到了要做好减法的时候了。要做减法的事很多，如减政府权力、减机构、减人员、减税费、减货币发行、减债务或减杠杆、减产能、减泡沫、减不良贷款、减无效投资和减僵尸企业等。做减法比做加法更难，但它是经济社会发展的需要，别无选择，只能减了。

【淘汰落后产能为什么难】发展市场经济必须优胜劣汰，必先淘汰落后产能后再转型升级。但现实中淘汰落后产能阻力重重：一是企业在找不到新出路的情况下好死不如赖活着；二是银行怕暴露不良资产，只好继续输血；三是政府怕影响社会稳定，让落后产能继续运转；四是国企员工担心失业，希望落后产能继续运转。

【谨防强迫优势企业兼并重组】在去产能过程中，一方面要尽量少破产清算、多兼并重组，另一方面要防止强迫优势企业兼并重组。因为强迫优势企业兼并重组僵尸企业与强迫银行向僵尸企业输血性质和效果一样，不仅不能解决问题，还会拖累优势企业，恶化资源配置。正确方法是企业自愿兼并重组，并适当政策引导。

【淘汰僵尸企业任务艰巨时间紧迫】 僵尸企业僵而不死，对资源是一种浪费，对转型是一种延误，淘汰僵尸企业是中国经济步入新常态的必经之路。但淘汰僵尸企业绝非易事，因为它涉及GDP增长、就业岗位、不良资产、经济风险和社会稳定等问题，所以久拖未决。但现在已到了必须壮士断腕的时候了，否则引发的后遗症会越来越多。

【不必忌讳和害怕企业破产】 企业有生有死是市场经济下的正常现象，在经济下行时期尤其如此。让没有前景的企业破产可以保护债权人的利益，可以避免更多的资源浪费，可以以小破避免大破，可促进结构调整和技术进步等。而忌讳和害怕企业破产会导致大量僵尸企业、鼓励跑路、浪费资源、延迟调整和积累风险等。

【房地产去库存的基本理论逻辑】 房地产库存高的实质是供过于求，所以去库存必须从供求两侧入手。从供给侧看：一要减少供给总量；二要优化供给结构，提高针对刚需和农民工的比重；三要提高供给的灵活性，如租售并举等。从需求侧看：一要增加需求总量，依赖于收入提高；二要优化需求结构，增加居住需求比重。

【房地产去库存的几个判断】 房地产有一部分库存是永远都不可能去掉的；房地产去库存是一个较长的历史过程；降价和减少新的无效供给是去库存最有效的手段；农民工难以成为消化房地产库存的主力；房地产去库存只是房地产去泡沫的手段之一；改革土地制度、财税制度、金融制度和预售制度等才是根本出路。

【在房地产去库存中千万不要替农民工做选择】 房地产去库存是

2016年的中心工作之一，但房地产去库存一定要遵循市场规律，尊重市场主体的自由选择权。比如通过一些合理的政策引导市场主体的行为是可以的，但绝不可用行政方法推动农民工进城买房，这样做将会带来很多后遗症，而且对去库存效果有限，不可不防。

【在不降房价下推进房地产去库存会出现什么结果】假如在不降房价甚至使房价进一步上升的情况下推进房地产去库存，一般会出现如下结果：一是房地产库存越来越多；二是倒逼货币超发，增加流动性进入房地产市场，加剧通货膨胀和资产价格泡沫；三是房子进一步向买得起高价房的投资者集中，并形成新的空置房。

【房地产“去库存”不能演变成房地产“加泡沫”】本来中央提出的房地产去库存与去产能、去杠杆是相互配套、同方向的政策，即实现供求平衡、市场出清，但有的人将房地产去库存理解为促进房地产大发展，开发商又重新拾起高房价来拉动销售的老手法，其结果是进一步增加房地产泡沫，使市场永远不能出清。

【去杠杆是真正的歼灭战】杠杆率偏高已成中国经济重要隐患，加快去杠杆别无选择。但去杠杆并非易事，涉及既得利益和资金链安全问题。如何在维护资金链安全的情况下将负债率降下来是一个挑战。去杠杆的一个重要前提是找到新的增长点，而新的增长点形成依赖于改革、创新和转型“三大发动机”，特别是改革。

【去杠杆需要高超的平衡艺术】负债率过高已成为中国经济的重要隐患，所以要痛下决心去杠杆。但去杠杆绝非易事，因为中国经济、许多地方政府、行业和企业对高杠杆已形成了依赖。如果去得太急将引发资金链断裂，但再不去则进一步累积风险，因而需要在去杠杆的对象、范围、力度和方式等方面把握好必要的平衡。

【实行地方债务总量控制是为了抑制道德风险】财政部拟对地方政府债务进行总量控制，这是必要的。地方债务已达24万亿元，如果只通过债务置换为地方政府还债减压，将助长道德风险，所以还需要通过债务总量控制优化和控制债务增量，抑制道德风险。总量控制将倒逼地方政府优化项目、谨慎举债、增收减支和防范风险。

【为什么要打破刚性兑付】因为刚性兑付有以下几大副作用：①违反正常契约，破坏市场规则；②增加道德风险，激励债务扩张；③降低风险意识，累积经济泡沫；④延缓结构调整，阻碍经济改革；⑤掩盖经济矛盾，制造稳定假象；⑥转嫁经济责任，破坏社会公正。

【有序破刚性兑付是平衡稳增长和去杠杆的重要出路】目前中国经济面临的最大挑战是一方面必须稳增长控风险，另一方面必须去杠杆调结构。这二者之间是有矛盾的：稳增长过度了就形成了加杠杆效应，去杠杆过度了就可能引发风险，这就需要有高超的平衡艺术。有序破刚兑虽然有风险，但会逐步减轻平衡的压力。

【降成本将倒逼很多改革】中央经济工作会议将降低实体经济企业的制度性交易成本、税费成本、融资成本、电力成本和物流成本等作为2016年的重点工作，这是对症之策。要降低这些成本并非易事，需要推进政府改革、财税改革、金融改革、能源改革和物流改革等改革，从降成本入手推进改革不失为一种好的改革策略。

【下调电价势在必行】实体经济企业承受的多项高成本中有一项是高电力成本。在煤价高时电力成本高有其道理，如今煤价已跌了

2/3，电价仍不降就没有了理由。降电价会损失电力企业的利益，但在很多实体经济企业难以为继的情况下，电力企业该放弃一些垄断利益了。这是2016年供给侧改革的重要内容之一。

【企业效益下降由两头受压造成】2015年年底以来规模以上工业企业利润等效益类指标呈下降态势，主要原因是两头受压：一方面经济下行，市场需求下降，订单减少；另一方面各种成本上升或持续处于高位，如资金成本高、劳动力成本高、环保成本上升以及部分原材料成本偏高等。同时，企业不安全感增加，预期下降。

【实体经济企业面临的三个主要难题】一是需求下降；二是成本上升；三是升级困难。国内外市场需求下降造成订单减少，赢利困难。一系列成本上升进一步挤压了企业赢利空间，包括资金成本、税费成本、劳动成本、环保成本和物流成本等，所谓融资难问题可归结为资本成本。升级则面临人才、技术和管理等约束。

【实体经济发展的三大拦路虎】一是高融资成本：很多实体企业辛辛苦苦赚的钱还不够为银行交利息，更不够支付各种高利贷利息；二是高房价成本：实体企业必须购买或租赁房子，而房价和租房价高企成为很多企业的沉重负担；三是高税费成本：税收负担偏重，各种缴费很多。另有劳力成本、原材料成本高等压力。

【必须多方帮助实体经济爬坡过坎】实体经济企业正面临巨大挑战，要应对挑战，除了自身努力外还需要多方面的帮助。一是政府简政放权，既保护好其产权，又保障好其经营权；二是政府减税降费，降低税费成本；三是银行等金融机构降低企业收费；降低融资成本；四是多方努力降低企业的房租和物流等成本。

【不要忽视了“去超建”】去产能是针对实体经济产能过剩，去库存是针对房地产高库存，去杠杆是针对高负债，“去超建”是针对基建领域的超量建设、超前建设、超大建设和超标建设。在 GDP 考核导向和不良政绩观的影响下，“四超”现象很普遍，是造成高负债、高库存、产能过剩的重要原因，所以去超建更紧迫。

【治理雾霾的根本举措是供给侧改革】雾霾的直接来源是燃煤、工业排放、尾气排放、道路扬尘和生活排放等，深层原因是粗放发展模式以及相应体制。在“发展是硬道理”暂时还无法放弃的情况下，要治理雾霾就只能从提高生产率中去寻找出路，而供给侧改革的目的正是提高全要素生产率，所以要加快推进供给侧改革。

参考文献

[1] 张培刚. 发展经济学通论第一卷［M］. 长沙：湖南出版社，1991.

[2] 谭崇台. 发展经济学的新发展［M］. 武汉：武汉大学出版社，1999.

[3] 杨小凯，黄有光. 专业化与经济组织［M］. 北京：经济科学出版社，1999.

[4] 吴敬琏. 当代中国经济改革：战略与实施［M］. 上海：上海远东出版社，1999.

[5] 刘世锦. 中国经济增长十年展望（2013-2022）——寻找新的动力和平衡［M］. 北京：中信出版社，2013.

[6] 蔡昉. 避免"中等收入陷阱"——寻找中国未来的增长源泉［M］. 北京：社会科学文献出版社，2012.

[7] 张维迎. 市场的逻辑［M］. 上海：上海人民出版社，2011.

[8] 张宇燕. 经济发展与制度选择［M］. 北京：中国人民大学出版社，1992.

[9] 李金早. 告别 GDP 崇拜［M］. 北京：商务印书馆，2014.

[10] 李佐军. 中国的根本问题——九亿农民何处去［M］. 北京：中国发展出版社，2000.

[11] 李佐军. 人本发展理论——解释经济社会发展的新思路 [M]. 北京：中国发展出版社，2008.

[12] 李佐军. 中国改革新思维——改出一个人本市场经济 [M]. 北京：电子工业出版社，2013.

[13] 李佐军. 第三次大转型——新一轮改革如何改变中国 [M]. 北京：中信出版社，2014.

[14] 哈耶克. 自由秩序原理 [M]. 邓正来，译. 上海：三联书店，1997.

[15] 科斯，阿尔钦，诺思. 财产权利与制度变迁 [M]. 刘守英，译. 上海：上海人民出版社，1994.

[16] 科斯，王宁. 变革中国—市场经济的中国之路 [M]. 徐尧，李哲民，译. 北京：中信出版社，2013.

[17] 诺思. 经济史上的结构和变革 [M]. 厉以平，译. 北京：商务印书馆，1992.

[18] 布坎南. 自由、市场和国家 [M]. 平乔新，莫扶民，译. 北京：北京经济学院出版社，1988.

[19] 罗伯特・M. 索洛等. 经济增长因素分析 [M]. 史清琪等，译. 北京：商务印书馆，1999.

[20] 斯蒂格利茨. 社会主义向何处去 [M]. 周立群，韩亮，余文波，译. 长春：吉林人民出版社，1998.

[21] 青木昌彦. 比较制度分析 [M]. 周黎安，译. 上海：上海远东出版社，2001.

[22] 贝克尔. 人类行为的经济分析 [M]. 王业宇，陈琪，译. 上

海：上海三联出版社，上海人民出版社，1995.

[23] 韦伯. 新教伦理与资本主义精神 [M]. 沈海霞，译. 北京：电子工业出版社，2013.

[24] 保罗·克鲁格曼. 现在终结萧条! [M]. 罗康琳，译. 北京：中信出版社，2012.

[25] 柯武刚，史漫飞. 制度经济学—社会秩序与公共政策 [M]. 韩朝华，译. 北京：商务印书馆，2000.

[26] 尼古拉斯·拉迪. 中国经济增长，靠什么 [M]. 熊祥，译. 北京：中信出版社，2012.

更多好书，与您共读……

制造业是立国之本、兴国之器、强国之基，是一国国民经济的主体，也是提升综合国力、保障国家安全，建设世界强国的保障。面对新一轮工业革命来袭、德国“工业 4.0”、美国“工业互联网”等国家战略的相继推出的时代背景，我国以《中国制造 2025》作为实施制造强国战略的第一个十年期行动纲领，意图应对新技术革命的洗礼、推动传统制造业转型升级、实现高端制造业跨越式发展，促进由工业大国向工业强国的转变。本书详细分析了《中国制造 2025》的出台背景、总体思路、基本原则和战略重点，并就规划明确的九大任务、十大领域、五大工程和八大政策进行了逐一分析，为相关领域的制造业企业从业者描绘了详细的产业环境与政策蓝图。

随着企业逐步将互联网技术应用到工业生产而形成的工业互联网革命已经开展。这场革命将再次改变我们的世界，将全球工业系统融合，发展开放的计算和通信系统，开辟了新的领域以加快提高效率，减少低效和浪费，加强人的工作经验。尽管如此，我们还远低于工业互联网的应用极限。为此，本书基于全球经济和社会的视角，分析了工业互联网的特点、发展规律及其所带来的改变，带领我们一览正在发生的未来。

工业 4.0 作为德国联邦政府“高科技及创新战略”主要元素之一，针对未来的“工业 4.0”项目将推进传统工业的信息化，如工业化生产。在物联网化的进程中，通过虚拟世界与实体世界的融合，建立虚拟——现实系统，实现在新时代下，技术流程与在德国的生产商业流程共同成长。德国经济与能源署（BMWi）开展的“工业 4.0”时代机械自动化“科技项目是”工业 4.0 项目的一部分，而本书也因此得以出版。《工业 4.0（实践版）：开启未来工业的新模式、新策略和新思维》概括展示了机械自动化及工业 4.0 背景下工作的未来导向，并指出科研领域、工业领域以及工作者即将面临的主要挑战、机遇和风险。本书所展示的发展趋势，为生产及自动化、机器人、虚拟工程、农机以及教学工厂等领域提供了解决方案范本。

工业大数据是未来工业在全球市场竞争中发挥优势的关键。无论是德国工业 4.0、美国工业互联网还是中国制造 2025，各国制造业创新战略的实施基础都是工业大数据的搜集和特征分析，及以此为未来制造系统搭建的无忧环境。《工业大数据：工业 4.0 时代的工业转型与价值创造》基于工业 4.0 的时代背景，通过深入剖析未来工业的商业模式和智能服务体系的创新技术变革，论述如何通过工业大数据的分析和应用去预测需求、预测制造，整合产业链和价值链，发现用户的价值缺口，发现和管理不可见的问题，实现为用户提供定制化的产品和服务。